Peter Hagen

Der GARTENPLANER
Wasser im Garten

- planen
- entwerfen
- kalkulieren

ULMER

Wasser als Zierde im Garten

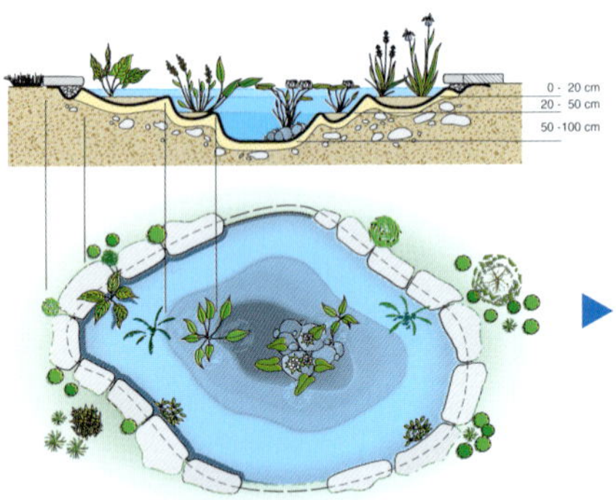

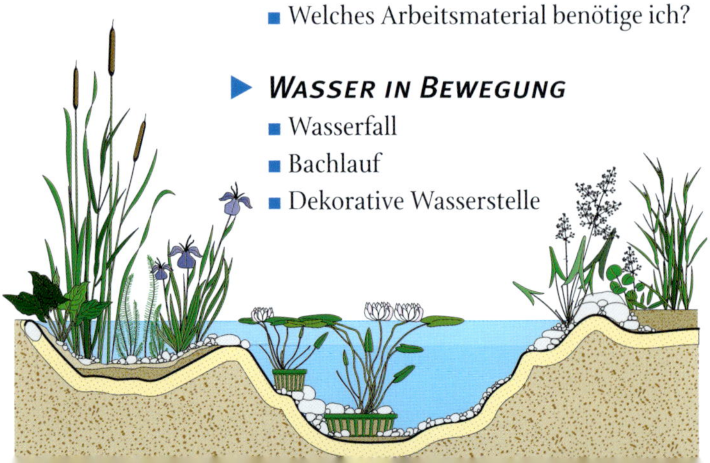

Die Gartenbewässerung

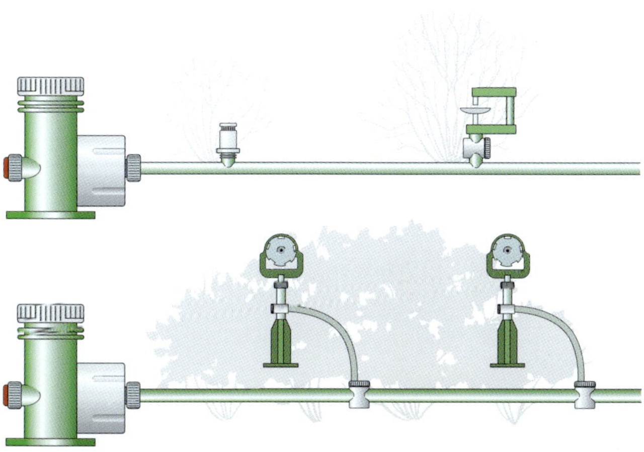

Bibliografische Information Der Deutschen Bibliothek
Die Deutsche Bibliothek verzeichnet diese Publikation in der Deutschen Nationalbibliografie; detaillierte bibliografische Daten sind im Internet über http://dnb.dde.de abrufbar.

Haftung:
Autor und Verlag haben sich um richtige und zuverlässige Angaben bemüht. Fehler können jedoch nicht vollständig ausgeschlossen werden. Eine Garantie für die Richtigkeit der Angaben kann daher nicht gegeben werden. Haftung für Schäden und Unfälle wird aus keinem Rechtsgrund übernommen.

Bildnachweis:
Fotos: Gardena/Ulm: S. 3, 60, 61, 64, 70, 71, 74; Reinhard-Tierfoto/-Heiligkreuzsteinach S. 48; Wood Steel & More/ Ammersbek: S. 3, 46, 75, 59, 58, 75; alle anderen Fotos Peter Hagen, Homburg
Zeichnungen: Helmuth Flubacher, Waiblingen (S. 3, 67, 72, 73 nach Vorlagen von Gardena, alle anderen nach Vorlagen des Autors); Peter Hagen, Homburg, S. 63, 69
Umschlagvorderseite Foto: Hans Reinhard, Heiligkreuzsteinach
Umschlagrückseite Foto: Brigitte Kleinod, Waldems

Wollgrasweg 41,
70599 Stuttgart
E-Mail: info@ulmer.de
Internet: www.ulmer.de
Printed in Germany

Lektorat:
Verlagsbüro Kopal, Dipl.-Biol. Julia Alber
Layout: CYCLUS · Visuelle Kommunikation
Herstellung und DTP: CYCLUS · Media Produktion
Druck und Bindung: Offizin Andersen Nexö, Zwenckau

ISBN: 3-8001-3863-8

Vorwort

Wasser ist der Ursprung allen Lebens. Nichts liegt daher näher, als dieses Element gestalterisch in den Garten einzubringen. In welcher Form dies letztlich ausgeführt wird, hängt von vielen verschiedenen Faktoren ab und setzt eine genaue Planung voraus. Diese Planung ist besonders wichtig, weil derartige Veränderungen in einem Garten in der Regel mit einem hohen Arbeitsaufwand und nicht unerheblichen Kosten einhergehen. Häufig ist es auch so, dass die hierdurch eingeleiteten Arbeitsmaßnahmen im Garten anschließend schwer reversibel sind.

Die wohl schönste Form von Wasser im Garten ist der eigene Gartenteich. Statistische Zahlen können dies belegen – von etwa 20 000 000 Gartenbesitzern in Deutschland nennen ungefähr 6 000 000 Hobbygärtner einen Gartenteich ihr Eigen. Und dieser Trend hat nach wie vor eine steigende Tendenz. Die Gründe für den Bau eines Gartenteiches sind nahe liegend: Wasser bringt Leben in einen Garten und verändert dessen Erscheinungsbild von Grund auf. Die Auswahl an Gartenpflanzen steigert sich mit dem Bau eines Teiches noch um ein Vielfaches und sein Besitzer wird schon nach kurzer Zeit erleben, dass sich Tiere in seinem Garten einfinden, die zuvor nicht da waren.

Ein Thema, mit dem sich jeder Gartenbesitzer früher oder später beschäftigen muss, ist die Gartenbewässerung und das Sammeln und Speichern von Regenwasser. Momentan gibt es in unseren Breitengraden zwar noch reichlich Wasser – im Gegensatz zu anderen Gebieten der Erde – aber auch hier ist es nicht immer gerade dann vorrätig, wenn man es benötigt. Zur sparsamen Bewässerung der unterschiedlichsten Gartenflächen wie auch zum Sammeln des wertvollen Regenwassers bietet der Handel heute viele Hilfsmittel an.

Kapitel 1

Wasser als Zierde im Garten

- Grundlagen
- Einen Gartenteich planen
- Einen Gartenteich entwerfen
- Einen Folienteich kalkulieren
- Wasser in Bewegung

Grundlagen

Im Prinzip eignet sich jedes Gartengelände für den Bau eines Gartenteichs. Es gibt jedoch Gebiete und Geländeformationen, die den Bau eines Teichs eher weniger zulassen oder gar völlig ausschließen.

▼ Die auf dem Wasser schwimmenden Blüten der Seerosen sind immer wieder eine Augenweide.

Vorteile eines Gartenteichs

Wasser bringt Leben in jeden noch so kleinen Garten und bewirkt immer eine positive Veränderung, sowohl optisch als auch ökologisch. Ein Teich stellt den Lebensraum für verschiedene Tier- und Pflanzenarten dar und ist somit nicht ausschließlich eine gartenarchitektonische Bereicherung. Wasser im Garten hat eine magische Anziehungskraft und wirkt beruhigend auf den Betrachter.

Kein Gartenteil ist im Wechsel der Jahreszeiten so unterschiedlich interessant und schön wie ein Gartenteich. Dies dürfte auch der Grund dafür sein, dass man sich mit einem Teich intensiver beschäftigt als mit dem restlichen Garten. Je nach Bauweise und Gelände sind Gartenteiche erweiterbar, was eine Herausforderung für jeden Besitzer darstellt. Ein weiterer erwähnenswerter Aspekt ist die Möglichkeit, mit einem Teich kostbares Regenwasser zu speichern.

Wo Teichanlagen problematisch sind

Gelände mit extremer Hanglage erschweren den Bau eines Teiches erheblich, da hier bei der Planung eine Stützmauer berücksichtigt werden muss. Zudem ist die Pflege dieser Teiche aufwändiger, da sie bei starken Regengüssen ständig mit einem stärkeren Eintrag von Regenwasser und eventuell mit eingeschwemmten Schmutzteilen belastet werden.

Sehr große Laub- und Nadelbäume sorgen zwar für eine gewisse Beschattung des Teiches, die tageszeitlich gesehen positiv ist, bereiten aber andererseits mit dem abfallenden Laub bzw. den Nadeln große Probleme, da diese zu einer ungewollt hohen

▲ Mit einem Teich finden Tiere den Weg in Ihren Garten, die Sie sonst dort nie zu Gesicht bekämen.

Nährstoffkonzentration im Wasser führen.

Gartenanlagen in der Nähe von Flüssen können unter Umständen überflutet werden, was für einen Gartenteich schlichtweg dessen Zerstörung bedeutet.

Frisch aufgefüllter Boden, der noch nicht verdichtet ist, oder Böden, die größtenteils aus Steinen oder Platten bestehen, lassen einen Teichbau nur unter ganz bestimmten Umständen zu. Dies betrifft auch Böden, die extrem stark durchwurzelt sind, wie zum Beispiel mit den Wurzeln einer großen Weide. Auch auf Geländen mit extrem hohem Grundwasserspiel kann es zu Problemen beim Teichbau kommen.

Aus rein optischen Gründen sind Flächen, die zu schmal oder zu klein sind, für einen Gartenteich ungeeignet, doch auch hier muss keinesfalls auf eine Wasserstelle verzichtet werden.

Die Lage des Gartenteichs

Die alles entscheidenden Fragen bei der Planung eines Gartenteiches sind die nach seiner Lage auf dem Grundstück und nach seiner Größe. Keineswegs darf die Lage ausschließlich nach optischen Gesichtspunkten festgelegt werden, denn von größerer Bedeutung sind ganz andere Kriterien. Ein Teich sollte immer so angelegt werden, dass er jederzeit gut einsehbar ist und jederzeit mühelos rundum begangen werden kann. Die Lage unter Bäumen führt auf

TIPP

Vom Bau eines Gartenteichs ist abzuraten,

- wenn das Gelände nicht gesichert, also nicht mit einem Zaun umgeben ist. Bei Unfällen an einem Teich, der sich auf ungesichertem Gelände befindet, wird nämlich immer der Besitzer haftbar gemacht,
- wenn es Kleinkinder in Ihrer Familie gibt, die noch nicht schwimmen können,
- wenn Sie das Grundstück nur gemietet oder gepachtet haben,
- wenn die notwendigen Veränderungen im Garten zu hohe Kosten mit sich bringen.

▲ Weder extreme Sonnenbestrahlung noch zu viel Schatten sind für einen Teich optimal.

lange Sicht zu Problemen, da im Herbst große Mengen von Laub oder Nadeln in den Teich gelangen und so zur unerwünschten Nährstoffanreicherung des Gewässers beitragen. Bei großen Bäumen kommt zwangsläufig noch ein starker Wurzeldruck hinzu, der rasch zur Schädigung des Teichprofils führen kann. Extrem stark wurzelnde Pflanzen sind zum Beispiel alle Weidenarten und verschiedene Arten von Gartenbambus – beides beliebte Teichrandpflanzen.

Von großen Bäumen geht unter Umständen noch ein weiterer Nachteil aus – zu viel Schatten. Die ideale Lichtlage für einen Teich zu finden ist nicht so einfach, denn ständiger Schatten wirkt sich ebenso negativ aus wie ständige Sonnenbestrahlung. Teiche, die im Sommer permanent der Sonne ausgesetzt sind, erwärmen sich zu stark, was dem biologischen Gleichgewicht des Gewässers wenig zuträglich ist. Andererseits gibt es aber auch Wasserpflanzen, wie z.B. die Seerose, die bei unzureichenden Lichtverhältnissen nicht blüht. Es muss also ein Mittelweg gefunden werden: Volles Licht von morgens bis etwa 11 Uhr, dann Halbschatten bis Schatten in der Zeit von 11 bis 15 Uhr, danach wieder ansteigende Lichtverhältnisse bis zum Abend. Nur durch

▼ Optimale Lichtverhältnisse für den Gartenteich.

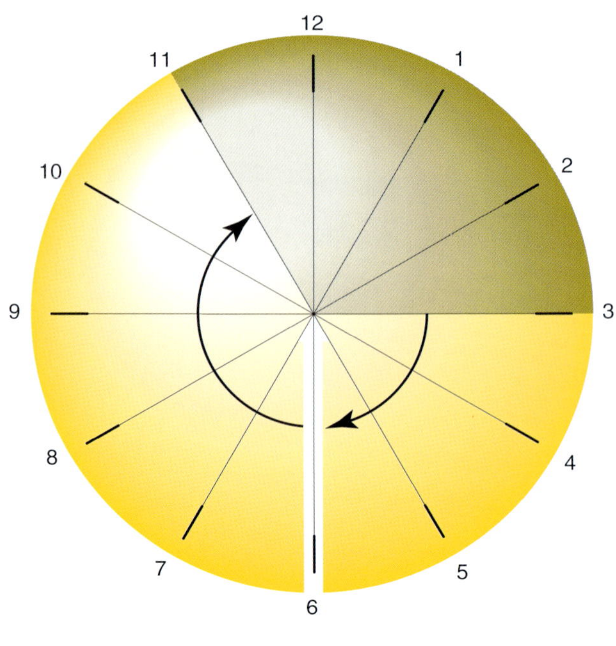

diese Lichtkonstellation kann eine übermäßige Wassererwärmung im Sommer verhindert und den Wasserpflanzen trotzdem ausreichend Licht geboten werden.

In den wenigsten Gartenanlagen werden diese Lichtverhältnisse automatisch vorhanden sein. Mithilfe einer Pergola, die mit schönen Kletterpflanzen berankt wird, oder einem Flechtzaun könnten Sie beispielsweise die notwendigen Veränderungen vornehmen. Es eignen sich auch Anpflanzungen mit Ziersträuchern, jedoch sollte deren Laub im Herbst nicht in den Teich gelangen. Nadelgehölze sind weniger geeignet, da sie mit einigen Ausnahmen nicht zum Charakter eines Gartenteiches passen.

Zur Auswahl der richtigen Lage zählt auch die Überprüfung des Untergrundes. Neben im Boden verlegten Rohrleitungen können alte Fundamente oder auch Bauschutt eine unliebsame Überraschung darstellen. Die Einsicht in Grundstücks- und Leitungspläne sowie Gespräche mit den Nachbarn können hilfreich sein. Über Rohrleitungen sowie über Kanal- und Entwässerungsrohre sollte man nie einen Teich bauen.

Die Größe des Gartenteichs

Eine nicht zu unterschätzende Frage ist die nach der Größe des Teiches. Die Antwort bezieht sich dabei beileibe nicht nur auf optische Werte, sondern hat letztendlich auch einen ganz entscheidenden Einfluss auf die spätere Bauweise des Teiches, die je nach Größe variiert. Als Planer ist es für Sie sehr wichtig zu wissen: Sie bekommen umso weniger Probleme mit Ihrem Teich, je größer Sie ihn bauen. Kleine Teiche sind in der Regel in ihrer Unterhaltung arbeitsintensiver und pflegebedürftiger, was auf die geringere Wassertiefe und den damit bedingten geringeren Wasserinhalt zurückzuführen ist.

Wassertiefe und Pflanzzonen

Ein Teich braucht tiefe und flache Zonen – die meisten Teiche sind zu flach angelegt. In jeder Zone gedeihen die dafür typischen Pflanzen, ob über oder unter Wasser.

Die ersten Gartenteiche, die vor vielen Jahren gebaut wurden, noch bevor sich der Trend zum eigenen Teich so richtig durchsetzte, waren Fertigwannen mit einer maximalen Tiefe

TIPP

- Die eigentlichen Ausmaße eines Teiches sind erst nach seiner Fertigstellung sichtbar. Schon aus diesem Grund sollte die Größenfestlegung großzügig bemessen sein.

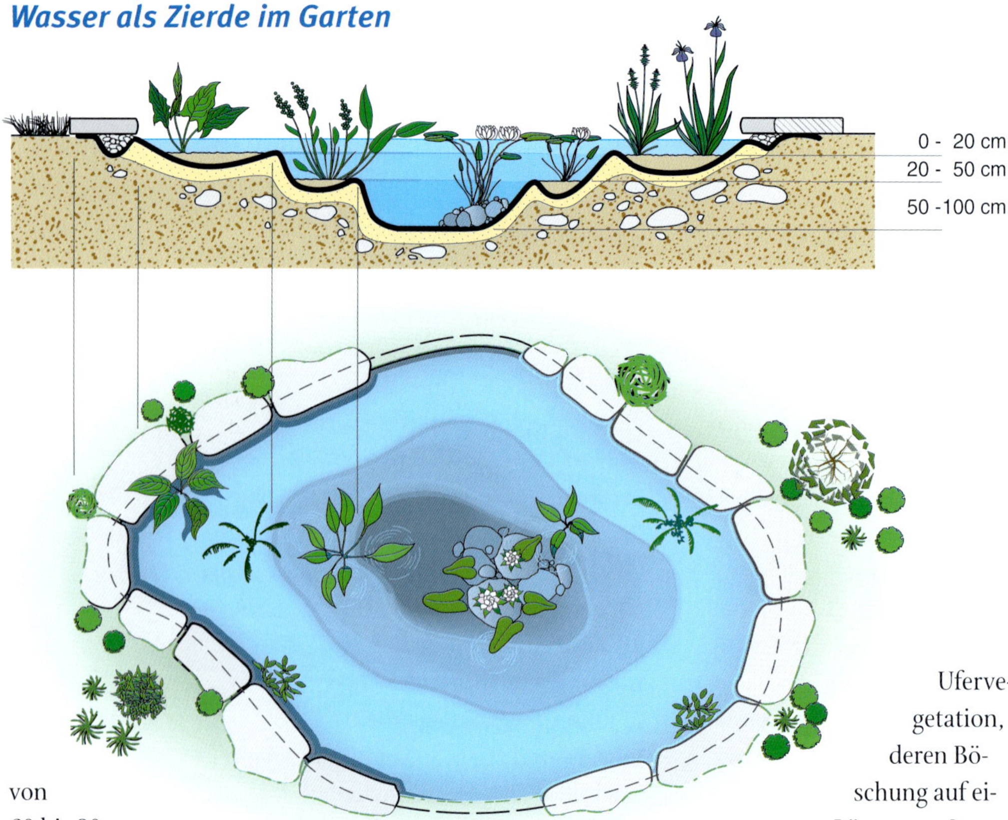

von 60 bis 80 cm. Eine wesentlich tiefere Bauweise ist aus technischen und physikalischen Gründen bei Fertigteichen auch heute noch nicht anders möglich. Leider wurde diese Wassertiefe bei vielen anderen Teichbauweisen übernommen, sodass die meisten Teiche heute einfach zu flach sind. Man hat sich mehr oder weniger an diesem Industriemaß orientiert.

Die eigentliche Wassertiefe eines Teiches ist natürlich an seine Größe gebunden. Bei einem Teich mit einer Mindesttiefe von 1 m und einer seicht abfallenden Ufervegetation, deren Böschung auf einer Länge von 2 m um etwa 1 m in der Tiefe abfällt, wird ein Teichdurchmesser von ca. 6 m benötigt. Dies entspricht einem Gefälleverlauf von etwa 22 Grad.

▲ Ein kleiner Teich mit seinen verschiedenen Wasserzonen aus der Vogelperspektive gesehen, und als Schnitt auf dem oberen Bild.

In zahlreichen Veröffentlichungen, Prospekten und auf Verpackungen technischer Gerätschaften für den Teich befinden sich Abbildungen, die den treppenförmigen Aufbau eines Teichprofils propagieren. Dies darf schlichtweg als falsch oder unnatürlich bezeichnet werden, denn in der Natur kommen in einem Teich auch keine Treppenstufen vor. Alleine schon aus sicherheitstechnischen Gründen ist es angebracht, eine möglichst breite aber sehr flache Zone rund um den Teich zu legen, in der vorwiegend Sumpfpflanzen eingebracht werden. Statt einer Stufe formt man nun eine Mulde, deren Randbereich in Richtung Teichmitte eine kleine Erhöhung aufweist, bevor der Übergang in die nächste Wassertiefe erfolgt. Wird diese Bauweise konsequent durchgeführt, erhält man mehrere befüllbare Pflanzzonen innerhalb des eigentlichen Teichprofils, die später alle unter Wasser liegen.

Wassertiefe

Wassertiefe	Bereich	Pflanzenart
0,5 – 10 cm	Sumpf	Sumpfpflanzen z.B. Sumpf-Vergissmeinnicht, Rosenprimel, Sumpfdotterblume, Sumpf-Schwertlilie
10 – 40 cm	Flachwasser	Flachwasserpflanzen z.B. Froschlöffel, Kalmus, Pfeilkraut
40 – 80 cm	Mittlere Wasserzone	Unterwasserpflanzen z.B. Hornkraut, Laichkraut, Wasserpest
80 – 150 cm	Tiefzone	Schwimmblattpflanzen z.B. Seekanne, Seerose, Teichmummel

Vorteil dieser Bauweise, die mit der unten stehenden Zeichnung verdeutlicht wird, sind der sehr seichte und somit sichere Einstieg in die unterschiedlichen Wasserzonen des Teiches. Außerdem verhindern die kleinen Wälle der einzelnen Mulden das Abrutschen von Pflanzen, Erde und Dekorationsmaterial in die Tiefe.

▼ Ein optimal gestaltetes Teichprofil, bei dem alle eingebrachten Pflanzen und Dekorationsmaterialien nicht in die Tiefzone abrutschen.

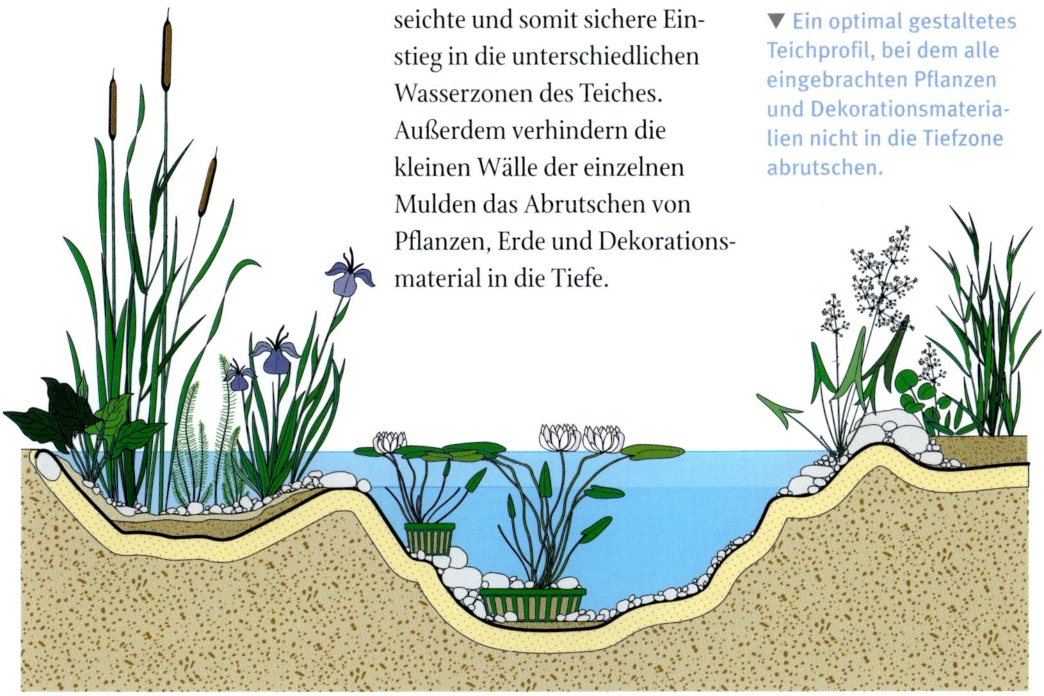

Die Form des Gartenteichs

Nachdem die Entscheidung getroffen wurde einen Gartenteich zu bauen, beginnt nun – Lage und mögliche Größe sind bereits festgelegt – der eigentliche Teil der Planung, die Formgebung.

Wenn ausreichend Platz für den Gartenteich vorhanden ist, so sollte man sich bei der Formgebung vom Gelände inspirieren lassen. Besonders reizvoll sind Gartenteiche an tiefer liegenden Geländeteilen oder Senken – hier wirken sie besonders natürlich. Außerdem bietet sich an solchen Stellen auch der Bau eines kleinen Wasserfalls oder Bachlaufs an.

Unter natürlichen Formen versteht man geschwungene Linien, die weitgehend an einen natürlichen Weiher erinnern. Diese Formgebung eignet sich besonders für größere Teiche. Die klassische Nierenform sollte man bei kleineren Teichen eher vermeiden, da sie unnatürlich wirkt.

Sehr reizvoll können auch geometrische Formen sein, die allerdings von Art und Lage des Teiches abhängig sind. Am stärksten verbreitet sind sicherlich organische Formen, die einen Kompromiss zwischen der natürlichen und der geometrischen Form darstellt. Diese Form eines Gartenteichs lässt sich am ehesten in einen bereits vorhandenen Garten integrieren.

Hilfreicher Trick zur Formfestlegung

- In der Theorie ist es sicherlich sehr einfach, die Form des geplanten Teiches festzulegen. Kommt es zur Ausführung, dann wird es in der Tat schwer. Ein recht hilfreicher Trick besteht darin, die Form Ihres geplanten Teiches mithilfe eines Gartenschlauches nachzulegen. So können Sie schnell und problemlos Form und Größe jederzeit ändern, bis Sie sich selbst im Klaren über das spätere Aussehen Ihres Teiches sind und auch alle Beteiligten mit der endgültigen Form einverstanden sind.

Teicharten

Lage, Größe und Form eines Gartenteiches sind entscheidende Faktoren dafür, um was für eine Teichart es sich handelt. Sehen Sie nachfolgend selbst, welche Möglichkeiten sich Ihnen bieten:

▼ Ein üppig bepflanzter Teich. Die Seerose breitet sich zu stark aus und sollte verkleinert werden.

Der pflanzenreiche Teich
Unter einem pflanzenreichen Teich versteht man ein Gewässer, das mit großen Pflanzen in seinem Umfeld bepflanzt ist und eine ausgewogene Pflanzenvielfalt im Wasser aufweisen kann.

◀ Ein klassischer Teich mit einer optimalen Bepflanzung.

Der klassische Teich
Hinter dem klassischen Teich verbirgt sich eine meist kleinere Teichform in symmetrischer Bauweise und mit einem frei zugänglichen Gewässerrand. Die Bepflanzung ist zurückhaltend und in den meisten Fällen ist der Teich aus Beton gefertigt oder aus Steinen gemauert.

Freistehende Teiche, gemauerte Wasserbecken
Bei Platzmangel oder dem Wunsch, ein Wasserbecken auf einer Terrasse zu integrieren, bietet sich der Bau von freistehenden Teichen an, die mit einer Eingrenzung aus gemauerten Steinen, Holzpalisaden oder ähnlichen Materialien verkleidet sind. Gemauerte Becken sollten wegen der Dichtigkeit mit einer Folie ausgekleidet sein.

▲ Trotz seiner absolut symmetrischen Form ist dieser Teich ein Schmuckstück.

Der japanische Teich
Er vermittelt einen Hauch von Asien, was hauptsächlich auf die verwendeten Pflanzen wie Bambus, Mammutblatt, verschiedenen Gräsern oder Funkien zurückzuführen ist. Häufig werden hierbei Brücken, Stege, Geländer und natürlich Steine und Steinfiguren mit eingesetzt.

▲ Die Steineinfassung und die Verwendung von Koniferen verleihen dem Teich einen besonderen Charakter.

Der architektonische Teich
Im architektonischen Gartenteich herrschen geometrische Formen vor. Es gibt eine strenge Linienführung und wenige Pflanzen, dafür ausgewählte Dekorationselemente und einzelne Solitärpflanzen.

Der natürliche Gartenteich
So erstaunlich es klingen mag, diese Teichart stellt für seinen Besitzer eine große Herausforderung dar, denn es ist alles andere als einfach, die Natur nachzugestalten. Wegen der übergangslosen Uferzone in das umgebende Gelände benötigt man für einem derartigen Teich ein größeres Areal. Ab 500 m^2 aufwärts kann dieses Vorhaben realisiert werden.

Die Teichlandschaft
Wenn immer ausreichend Platz vorhanden ist und das Gelände unterschiedliche Höhenlagen aufweist, bietet sich eine Teichlandschaft an, die aus verschiedenen Teichgrößen und -formen besteht, die alle wassertechnisch miteinander verbunden sind. Eine ausgewogene Bepflanzung, die sich gut in das Umfeld dieser Teichlandschaft einfügt, rundet das Bild ab.

Wie sich Teich-Wünsche umsetzen lassen

Wünsche der Familienmitglieder	Umsetzung als
Beobachtungsstation für Pflanzen und Tiere	Naturnaher Teich
Formales Deko-Element für den Garten	Zierteich, architektonischer Teich, klassischer Teich
Fernöstliches Gartenflair	Japanischer Teich
Hauptgestaltungselement des Gartens	Teichlandschaft
Trotz Platzmangel Wasserelement auf Terrasse, am Hang, im Hinterhofgarten	Wasserspiel oder freistehender bzw. hochgesetzter Teich
Seerosensammlung	Mehrere runde, ausreichend tiefe Pflanzbecken in Terrassennähe
Möglichkeit zum Schwimmen	Schwimmteich-/Gartenteich-Kombination
Gräser, Farn- und Bambus-Sammlung am Teichumfeld	Naturnaher Teich mit gut geplanter Randbepflanzung
Fische im Teich	Entsprechend großer Teich mit guter Filterung
Aufwändige Wasserspiele	Fertig- oder Betonbecken mit entsprechender Technik
Sitzplatz am Teich	Teich entsprechender Größe mit Plattform, die über das Wasser ragt, oder befestigter Platz am Teichrand
Geräuschkulisse	Wasserfall, Bachlauf oder Wasserspiel

◀ Diese Wasserstele ist an einer kräftigen Pumpe angeschlossen, die für einen hohen Geräuschpegel sorgt.

Einen Gartenteich planen

In der Praxis wird es nicht immer ganz einfach sein, die drei Komponenten – Größe, Form und Art des Teiches – so miteinander zu verknüpfen, dass hinterher ein Gartenteich entsteht, der allen Erwartungen entspricht und sich harmonisch in die Gartenlandschaft integrieren lässt.

Erdarbeiten

Die schönsten Gartenteiche sind durch die reine Handarbeit ihrer Erbauer entstanden. Auch bei größeren Teichen führt diese schweißtreibende Tätigkeit zu besseren Resultaten als der Einsatz eines Baggers. Nach dem Aushub mit einem Bagger hat der Teich meist zu steile Wände und nicht die Form, die er eigentlich haben sollte. Zudem können mit dem Bagger auch nicht die Mulden für die verschiedenen Wassertiefen geformt werden und der Bagger verdichtet durch sein Gewicht und die Fahrt im Gelände den Boden, was sich später nachteilig

▼ Nach dem Aushub muss der Teichrand unbedingt nivelliert werden.

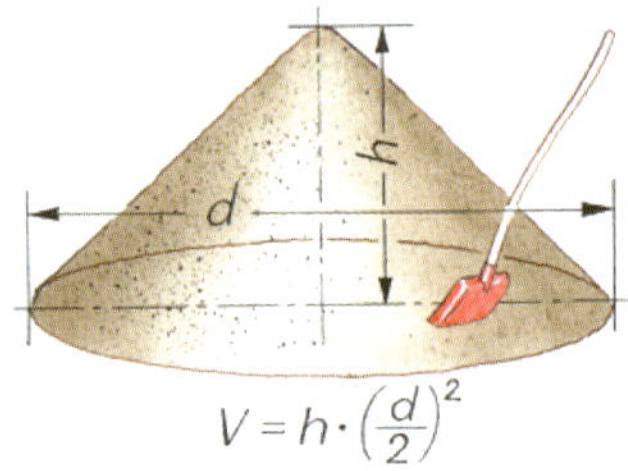

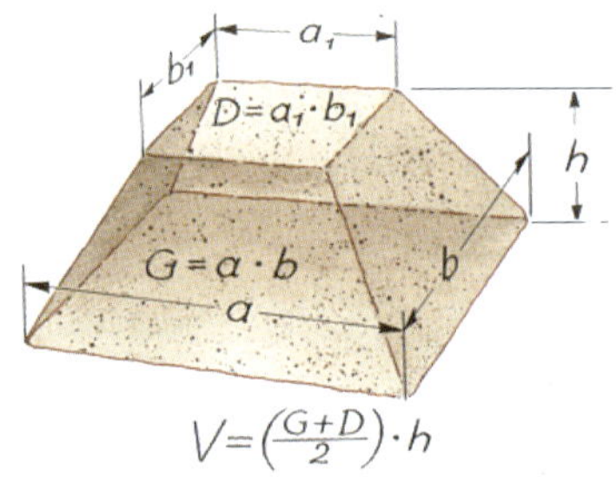

▲ Liegt bei Ihnen noch ein Haufen abgelagerte Erde bereit, können Sie dessen Volumen nach folgender Näherungsformel berechnen:
Für einen kegelförmigen Erdhaufen
$V = h \times (d/2)^2$
(V = Volumen,
h= Höhe, d = Durchmesser des Erdhaufens)
Für einen Pyramidenstumpf
$V = (G + D)/2 \times h$
(G = Grundfläche,
D = Deckfläche des Pyramidenstumpfes
h=Höhe)

auf die Bepflanzung im Umfeld des Teiches auswirkt.

Die Erdmassen, die beim Aushub eines Teichprofils anfallen, sollten nicht unterschätzt werden. In Panik verfallen und gleich Container bestellen, mit deren Hilfe die anfallenden Erdmassen abgefahren werden können, muss man aber trotzdem nicht. Besser ist es, sich vor dem ersten Spatenstich genau zu überlegen, wo der anfallende Mutterboden zunächst gelagert werden kann, ohne dass er bei der weiteren Arbeit ständig im Weg liegt.

Leider wird das getrennte Ablagern von Mutterboden und eigentlichem Aushub immer wieder vergessen und die beiden Massen werden miteinander vermischt. Dabei kann man die unter dem Mutterboden liegende Erde für die Gestaltung des Teichumfeldes aufschütten und nach Abschluss der Aufschüttungen mit dem getrennt gelagerten Mutterboden abdecken. Durch die Verwendung geeigneter Bodenverbesserer wird so eine pflanzfertige Zone geschaffen, die jedem Gartenteich seine ganz persönliche Note und Stilrichtung verleiht. Für die Bepflanzung des Umfeldes steht ein reichhaltiges Angebot von

Zwei wichtige Planungshinweise

▲ Wasserwaage mit Laserpointer

- Beim Aushub des Teichprofils sollte man darauf achten, dass der Teich zur Betrachterseite hin mit nur niedrig wachsenden Ufer- und Teichrandpflanzen bepflanzt wird. Hier wächst nämlich später die Seerose und die sollte nicht durch höher wachsende Pflanzen, z.B. aus der Sumpfzone, verdeckt werden.
- Gerne wird übersehen, dass die meisten Gartengelände nicht absolut eben sind. Dies muss unter allen Umständen ausgeglichen werden, da sonst die Wasseroberfläche und die Teichgröße nicht den Erwartungen entsprechen und stattdessen unschöne Teichränder zum Vorschein kommen. Ob ein Teichprofil in Waage ist, kann mithilfe von Nivelliergerät oder Schlauchwaage ermittelt werden.
Bei kleineren Teichen, wo dieser Ausgleich ganz besonders wichtig ist, reicht zumeist schon eine Richtlatte mit Wasserwaage. Besondere Bedeutung dürfte dies bei einem Teich haben, der in einer Hanglage einbaut wird.

▲ Schlauchwaage

Gräsern und blühenden Stauden zur Verfügung.

Ganz besonders wichtig ist diese bauliche Maßnahme für frei im Garten liegende Teichanlagen. Je nach Größe, Länge und Höhe der Aufschüttung kann hier später ein kleiner Wasserfall oder ein Bachlauf integriert werden.

Bei der Gestaltung der Aufschüttung sollte man darauf achten, dass der untere Rand des neu geschaffenen Hügels nicht unmittelbar am Teichrand angrenzt, sondern sich mindestens in 1 m Abstand davon befindet. Liegt er zu dicht am Teichrand, können bei starkem Regen leicht Erdmassen von der zunächst noch losen Aufschüttung in den Teich gespült werden. Ist dies aus Platzgründen nicht möglich, kann auch ein künstlicher Abfang mit Steinen oder anderen Materialien geschaffen werden.

■ *Bauweise*

Für den Bau eines Gartenteiches stehen sehr viele unterschiedliche Materialien zur Verfügung, deren Verwendung teilweise auch mit der Art und der Bauweise eines Teiches in Verbindung gebracht werden müssen.

Fertigbecken

Fertigbecken sind im Teichbau nach wie vor sehr weit verbreitet und beliebt. Man unterscheidet zwei verschiedene Materialien,

▼ Der Einbau eines Fertigbeckens muss sehr sorgfältig ausgeführt werden.

Polyethylen- und glasfaserverstärkte Polyester-Becken. Letztere haben den Vorteil, dass man sie auch frei aufstellen kann. Bei Polyethylen-Becken ist das nicht möglich, da sie sich durch Temperaturschwankungen verformen würden.

Häufig sind Fertigbecken, unabhängig von ihrem Material, zu klein und vor allem nicht ausreichend tief genug. Es gibt kaum Hersteller, die Becken fertigen, die tiefer als 100 cm sind und über einen ausreichenden Wasserinhalt verfügen, sodass Fische eingesetzt werden können oder auch Pflanzen dort überleben oder – was noch weit wichtiger ist – überwintern können.

Betonbecken oder gemauerte Becken

Für den Teichbau als Ganzes gesehen, spielen Betonbecken oder gemauerte Becken eigentlich eine untergeordnete Rolle. Von Bedeutung sind sie allenfalls für die klassischen Wasserbecken oder auch für Springbrunnenanlagen. Derartige Bauweisen lassen sich aber auch schön in vorhandene beziehungsweise geplante Terrassen einplanen. Problematisch ist häufig deren Dichtigkeit, die nur mit speziellen Betondichtmassen oder zusätzlichen Folien erreicht werden kann. Für den Einsatz von Fischen sind diese zumeist eher flachen Becken absolut ungeeignet.

TIPP

- Wird der Teich aus Folie gebaut, dann sollte man darauf achten, immer ein Musterstück der Folie aufzubewahren. Man benötigt dieses Musterstück beim Nachkauf, wenn beispielsweise eine Teicherweiterung ansteht, oder aber bei eventuell anfallenden Reparaturen.

Polyestermatten

Eine der schönsten und wohl auch eine der haltbarsten Bauweisen ist der Teichbau mithilfe von Polyestermatten. Sein Erbauer schafft sich hiermit einen Teich nach seiner Wunschform und aus einem Material, das nach dem Einbau praktisch unzerstörbar ist. Der Arbeitsaufwand und die Kosten dafür sind allerdings leider nicht unerheblich.

Teichfolien

Nahezu unüberschaubar auf dem Markt ist das Angebot an Teichfolien, denn es gibt diese Folien in den unterschiedlichsten Materialien, Farben, Materialstärken und zudem noch mit den unterschiedlichsten Strukturen.

Am weitesten verbreitet sind Teichfolien aus PVC (Polyvinylchlorid). Man erhält sie in den Farben schwarz, braun oder dunkelgrün. Die Farbe einer Teichfolie spielt jedoch eine sehr untergeordnete Rolle, da sie später ohnehin weitgehend von dem verwendeten Dekomaterial und Kies abgedeckt im Teich liegt.

PVC-Teichfolien haben den großen Vorteil, dass sie durch Wärmeeinwirkung sehr rasch weich werden und somit weitgehend faltenfrei in ein fertig gestelltes Teichprofil eingebaut werden können. Zudem ist es recht einfach, diese Folienart zu verkleben oder zu verschweißen, im Gegensatz zu anderen Folienarten.

▲ Nur im Notfall sollte man Gartenteichfolien alleine kleben oder schweißen. Besser und vor allem sicherer geht diese Arbeit mit zwei Personen.

PVC-Folienbahnen können mit speziellen Folienklebern verbunden werden und auch mit Heißluft oder Quellschweißmitteln. Teichvergrößerungen und der Anbau von einem Bachlauf oder Wasserfall bereiten somit wenig Schwierigkeiten. PVC-Teichfolien sind in den Breiten 2, 4, 6 oder 8 m Breite erhältlich. Im Normfall beträgt die Länge der auf Rollen erhältlichen Folien 20 bis 25 m. Bei Herstellern von Qualitätsfolien ist es eigentlich immer möglich, Sondermaße zu bestellen, die über das Maß der Normfolie hinausgehen.

Die Folienstärken reichen von 0,5 bis 2 mm Stärke. Je tiefer ein Teich ist, desto stärker sollte die eingelegte Teichfolie sein. In der Regel werden Folienstärken von 1 mm verwendet. Ist ein Teich tiefer als 2 m und gleichzeitig auch noch sehr groß, bietet es sich an, stabilere Folien zu verwenden.

PE-Teichfolien sind preiswerter als PVC-Folien und bestehen im Gegensatz zu diesen immer aus einem Stück mit einer Breite bis zu 10 m. Die sich auch durch Sonneneinwirkung kaum verändernde PE-Folie ist sehr steif und kann fast nicht faltenfrei in einen Teich eingebracht werden. Weitere Nachteile: Sie kann nur mit einem speziellen Klebeband verbunden werden, das nur sehr kurze Verbindungsstücke zulässt, und muss zudem frei von Zug und Spannung eingebaut werden.

EPDM-Folien sind aus synthetischem Kautschuk gefertigt und besonders für sehr große und tiefe Gartenteiche geeignet. Verbindungen der Folien sind mithilfe von Spezialklebern möglich. Wegen der Materialstärke (ab 1 mm) sind sie jedoch nicht sehr einfach zu verlegen, dafür aber ausgesprochen dauerhaft. Nachteilig ist der Preis, der pro Quadratmeter deutlich über dem von PVC- oder PE-Folien liegt.

Eine weitere sehr beliebte und vor allem auch sehr haltbare Teichfolie besteht aus zweibahnigem PVC-Material mit eingebauten Gewebefäden aus Polyester. Nachteilig sind die schwer durchzuführenden Reparaturen und Verbindungsmöglichkeiten, da der eingearbeitete Polyesterfaden dies weitgehend verhindert.

Da die Beanspruchung der Folie in einem Schwimmteich viel intensiver als in einem Gartenteich ist, sind diese Folien bedeutend reißfester ausgelegt. In der Regel bestehen sie aus doppellagigen PVC-Folien, in denen ein besonderer Kern aus anderem Folienmaterial eingebaut ist. Aufgrund ihrer stärkeren Dicke und dadurch bedingt auch ihrer geringeren Elastizität lassen sie sich nicht so einfach verlegen. Es ist daher durchaus sinnvoll, den Bau eines Schwimmteichs in die Hände eines Fachmannes zu geben, der weiß, wie hier vorzugehen ist.

Foliengröße und -stärke

Die passende Foliengröße ermitteln

- Grundsätzlich gibt es zwei Möglichkeiten. Die einfachste erfolgt mithilfe eines Bandmaßes, das durch alle Konturen des Teiches gelegt wird – einmal der Länge und einmal der Breite nach. Die Multiplikation der beiden Werte ergibt die genau benötigte Quadratmeterzahl an Folie. Eine andere, nicht ganz genaue Methode ergibt sich aus nachfolgender Rechenformel.
  Teichlänge + 2 x Tiefe + 60 cm = Bahnlänge
  Teichbreite + 2 x Tiefe + 60 cm = Bahnbreite

Die richtige Folienstärke auswählen

- Die zu verwendende Folienstärke ist abhängig von der Größe und Tiefe des Teiches und der eigentliche Untergrund spielt eine wesentliche Rolle. Letztlich ist auch die Bauweise selbst von Bedeutung. Bei großen Teichen mit ausgeprägter und flacher Uferzone kann durchaus eine dünnere Folie eingesetzt werden als bei Teichen mit relativ steil abfallenden Uferwänden. In aller Regel sind Folienstärken von 1 mm für einen normalen Gartenteich immer ausreichend.

Teiche aus Naturstoffen

Ökologisch sinnvoll ist der Bau eines Gartenteichs aus Naturstoffen, der jedoch nur unter bestimmten Voraussetzungen durchführbar ist.

Zwei Möglichkeiten bieten sich an: Der Bau mit vorgefertigten, frischen, ungebrannten

Tonziegeln oder der Bau mit trockenem Montmorillionit aus Säcken, das im Teich aufquillt und dann für eine dauerhafte Abdichtung im Teichprofil sorgt.

Nachteilig an dieser Methode sind der sehr hohe Arbeitsaufwand, die notwendige große Sachkenntnis und die Tatsache, dass der Teich mindestens eine Wasserfläche von 30 m^2 vorweisen muss.

Anrgegungen und Ideen finden

Anregungen und Ideen zum Bau Ihres Gartenteiches können Sie auf recht vielfältige Art und Weise einholen.

Zu einer der ersten Anlaufstellen zählt sicherlich der Buchhandel, der Ihnen anschauliche Literatur für fast jeden Gartenwunsch liefert. In den zumeist sehr schön bebilderten Büchern können Sie viele Ideen sammeln und sich überlegen, was Ihnen gefallen würde und was in Ihrem Garten machbar ist.

Sind die ersten Gedanken entstanden, dann lohnt sich nach dem Blick auf die Bilder auch ein Blick in den Text oder, da Sie nun wissen, was Ihnen vorschwebt, bietet sich als nächste Anlaufstelle ein Gartencenter oder ein Baumarkt an. Hier treffen Sie zumeist auf gut geschultes Personal, das Ihnen fachkundige Auskunft zum Bau eines Gartenteiches erteilen kann. Hier können Sie sich beispielsweise auch durchaus einmal die Teichfolien zeigen lassen und sich gegebenenfalls auch über deren Vor- und Nachteile durch die Fachleute sehr genau informieren lassen.

Wenn sie nachfragen, dann erhalten Sie hier sicherlich auch den einen oder anderen Verlegetipp für die Teichfolien. Ein Preisvergleich für gleiche Folienarten lohnt sich übrigens immer. Das sollten Sie nicht vergessen.

Wichtig: Niemals Regeneratfolien kaufen – auch wenn diese noch so preiswert sind. Für den Teichbau sind definitiv nicht geeignet.

Nicht zu verachten ist auch der Rat von Freunden und Bekannten, die sich – ob nun durch den Fachmann oder in Eigenregie – den Traum von einem Gartenteich erfüllt haben. Aus der zurückliegenden Praxiserfahrung heraus können diese Ihnen sicherlich einige gute Ratschläge geben, um Anfängerfehler zu vermeiden.

TIPP

- Bitte beachten Sie: Verschiedene Vertreiber von PVC-Teichfolien erklären sich bereit, ihre Teichfolien nach dem Ablauf einer individuellen Frist zurück zu nehmen und umweltfreundlich zu entsorgen. Diesen Folienlieferanten sollte immer der Vorzug gewährt werden.

Was sonst noch zu einem Teich gehört

Der Überlauf

- Unabhängig davon, wo im Garten ein Teich platziert wird, sollte immer eine Möglichkeit für den Wasserüberlauf geschaffen werden. Regenfälle oder Schneeschmelze sorgen nämlich regelmäßig dafür, dass ein Teich überläuft. Ohne Überlauf gelangt dieses überschüssige Wasser immer hinter den Teichrand, der dadurch schon nach kürzester Zeit bei einem Folienteich absackt und das Teichniveau negativ verändert. Bei einem Fertigbecken kann es sogar so weit kommen, dass sich Hohlräume unter dem Becken bilden und das Becken durch das Gewicht des Wassers bricht.

Für Fertigbecken können Sie im Sanitärhandel entsprechende Abläufe mit Gummiquetschdichtungen erstehen. Bei Folienteichen bieten sich gute Ablaufmöglichkeiten durch den Einbau von grauen heißwassertauglichen (HT-) oder braunorange gefärbten Kanal- und Grundleitungs(KG-)-Rohren. Das abzuführende Wasser leitet man am besten direkt in den Kanal oder aber man baut sich in Teichnähe einen kiesgefüllten Sickerschacht. Bei besonders hohen Wassertemperaturen kann im Sommer Leitungswasser oder Regenwasser in den Teich eingespeist werden, um dessen Wassertemperatur zu senken. Gleichzeitig wird das überschüssige Wasser über den Ablauf abgeführt.

Die Kapillarsperre

- Beim Bau eines Folienteiches sollte man generell eine Kapillarsperre einbauen – eine Vertiefung in der Größe einer Dachrinne, die einmal rund um den Teich herum verläuft. Für diese s-förmig verlaufende Teichrandgestaltung werden nur ca. 30 cm mehr Folie benötigt. Die mit Kies gefüllte Rinne stellt jedoch später sicher, dass der gebaute Teich durch die Kapillarwirkung des Bodens nicht ständig Wasser verliert.

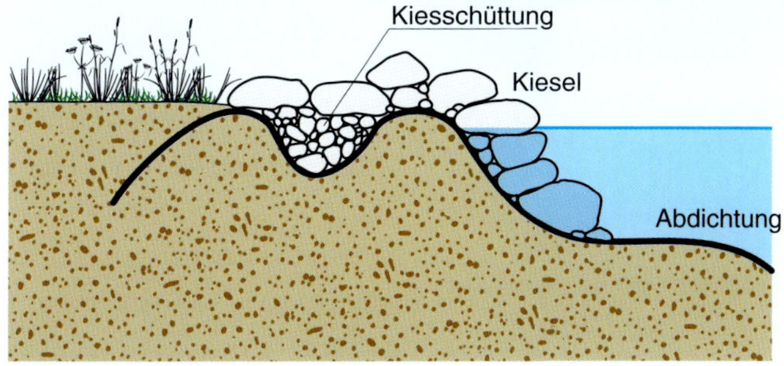

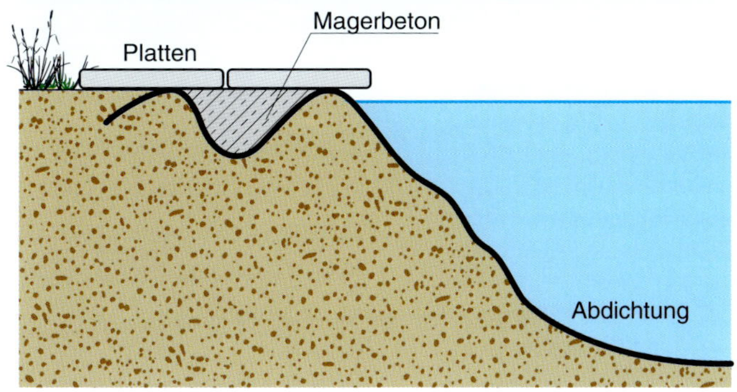

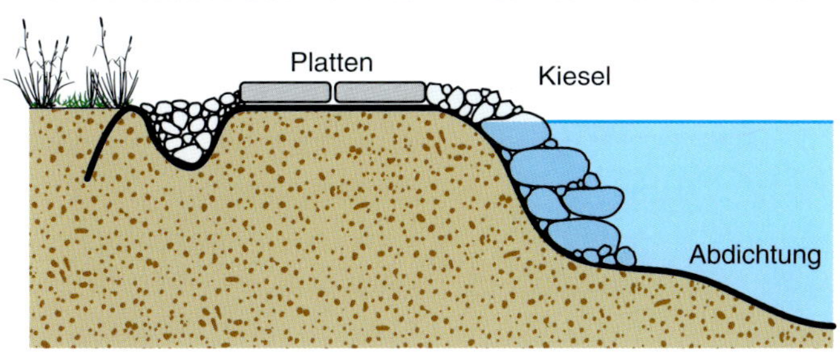

Einen Gartenteich entwerfen

Viele Gartenteichbesitzer sind mit dem Resultat ihrer Bemühungen im Nachhinein nicht zufrieden, was letztlich an der mangelnden Vorplanung liegt. Die Planung eines Teiches beginnt nämlich nicht mit dem Bestellen eines Minibaggers oder dem sinnlosen Ausheben eines tiefen Lochs im Garten.

TIPP

- Mit der zeichnerischen Darstellung des Teiches können Sie gleichzeitig die Veränderungen fest halten, die mit der Gestaltung des Teichumfelds einhergehen. Durch die Pflanzung von Stauden, Gräsern, Farnen und Solitärpflanzen verändert sich das Umfeld des geplanten Teiches erheblich. Nicht ganz so einfach ist es, Unregelmäßigkeiten im Geländeverlauf zeichnerisch darzustellen. Eventuell können Geländevermessungen mit einem Nivelliergerät notwendig werden, die Sie einem Fachbetrieb des Garten- und Landschaftsbaus überlassen sollten.

Auf die Vorplanung kommt es an

Eine erfolgreiche Planung hat ihren Ursprung immer in der Theorie. Ausführliche Beratungsgespräche in gut geführten Gartencentern, Gespräche mit zufriedenen Gartenteichbesitzern sowie die Lektüre von hilfreicher Fachliteratur sind die ideale Grundlage für eine erfolgreiche Planung. Danach kann abgewogen werden, ob das Gehörte und Gesehene auch in dem eigenen Garten umgesetzt werden kann und welche Bauweise letztlich durchgeführt werden soll.

Der nächste Schritt ist das Erstellen eines einfachen Gartenplans, den jeder Gartenbesitzer ohne große Kenntnisse selber zeichnen kann. Eine gute Basis dafür ist der eigene Grundstücksplan, der leicht auf einen Maßstab von 1:100 umgesetzt werden kann. Sollten Sie den Plan nicht mehr besitzen, können Sie auf dem Katasteramt eine Kopie anfordern. In der Regel sind auf diesen Plänen im Erdreich verlegte Rohrleitungen oder Kanalsysteme eingezeichnet, die beim Bau eines Gartenteiches unter Umständen hinderlich sein könnten.

Mit einfachen Symbolen zeichnen Sie nun alle vorhandenen Wege, Pflanzen, evt. Treppen oder Mauern in Ihren Plan ein und schneiden – entsprechend dem vorgegebenen Maßstab – aus stärkerem Karton die Form des geplanten Gartenteichs aus. Form und Lage des Teichs können Sie nun so lange verändern und verschieben, bis alles Ihren Vorstellungen entspricht. Obwohl Sie hier nur in der Theorie agieren, können Sie damit dennoch viele Fehler vermeiden und ausschließen, die sich ergeben, wenn Sie Lage, Größe und Form Ihres Teiches ohne diese Vorarbeit festlegen.

Was benötige ich für den Entwurf?

Erstellen Sie zunächst eine Kopie vom Originalplan, auf der

Sie unbeschwert zeichnen können. Häufig ist es so, dass Grundstückspläne vom Katasteramt im Maßstab 1:500 gezeichnet sind. Dieser Maßstab ist für die Gartenplanung jedoch zu klein, weil später eingezeichnete Planungen dann zu unübersichtlich erscheinen. Mithilfe eines guten Fotokopierers sollten Sie diese Pläne auf den Maßstab 1:100 hoch kopieren oder, wenn Sie darin fit sind, die Pläne einfach passend umzeichnen.

Zum Zeichnen verwendet man einen weichen Bleistift. Besonders geeignet sind Druckminen-Bleistifte in unterschiedlichen Stärken. Der Vorteil von Bleistiften ist, dass man die Linien einfach ausradieren kann, wenn der Entwurf nicht stimmt. Zum Zeichnen der Pflanzensymbole besorgen Sie sich am besten eine Malschablone mit runden Öffnungen in verschiedenen Größen. Das wichtigste Zeichengerät ist jedoch ein Lineal mit unterschiedlichen Maßstäben – mit dessen Hilfe können nämlich alle im Garten verwendeten Elemente maßstabsgerecht dargestellt werden. Die Bandbreite der meist dreieckig geformten Lineale reicht von M 1:20 bis M 1:100.

Ideen entwickeln

- Den letztlich von Ihnen favorisierten Entwurf können Sie mit unterschiedlichen Farben kolorieren. Auf diese Weise können im geplanten Teich mithilfe unterschiedlicher Blautöne sofort die unterschiedlichen Wassertiefen festgelegt werden, schon lange bevor der erste Spatenstich ausgeführt wird. Selbst die geplante Bepflanzung rund um den Teich und auch im Teich selbst lässt so schon einmal sichtbar machen.

Ein Zeichenbrett müssen Sie nicht erwerben, eine glatte Tischplatte, auf der man Zeichnen und Schreiben kann, tut es auch. Damit er nicht verrutscht, befestigen Sie den Plan mit Tesastreifen auf dem Tisch. Für Gartenpläne eignen sich besonders pergamentartige Zeichenpapiere. Auf ihnen lässt es sich gut zeichnen und sie haben den Vorteil, transparent zu sein – darunter gelegte Abbildungen können gut abgepaust werden.

Der planerische Teil besteht nun darin, sich den vorgesehenen Gartenteich, den Sie aus Pappe im passenden Maßstab ausgeschnitten haben, an der gewünschten Stelle auf dem Grundstücksplan zu platzieren, Wegführungen auf dem Plan einzuzeichnen, das Teichumfeld festzulegen sowie Neu- oder auch Umpflanzungen zeichnerisch einzuplanen.

■ Teichbepflanzung

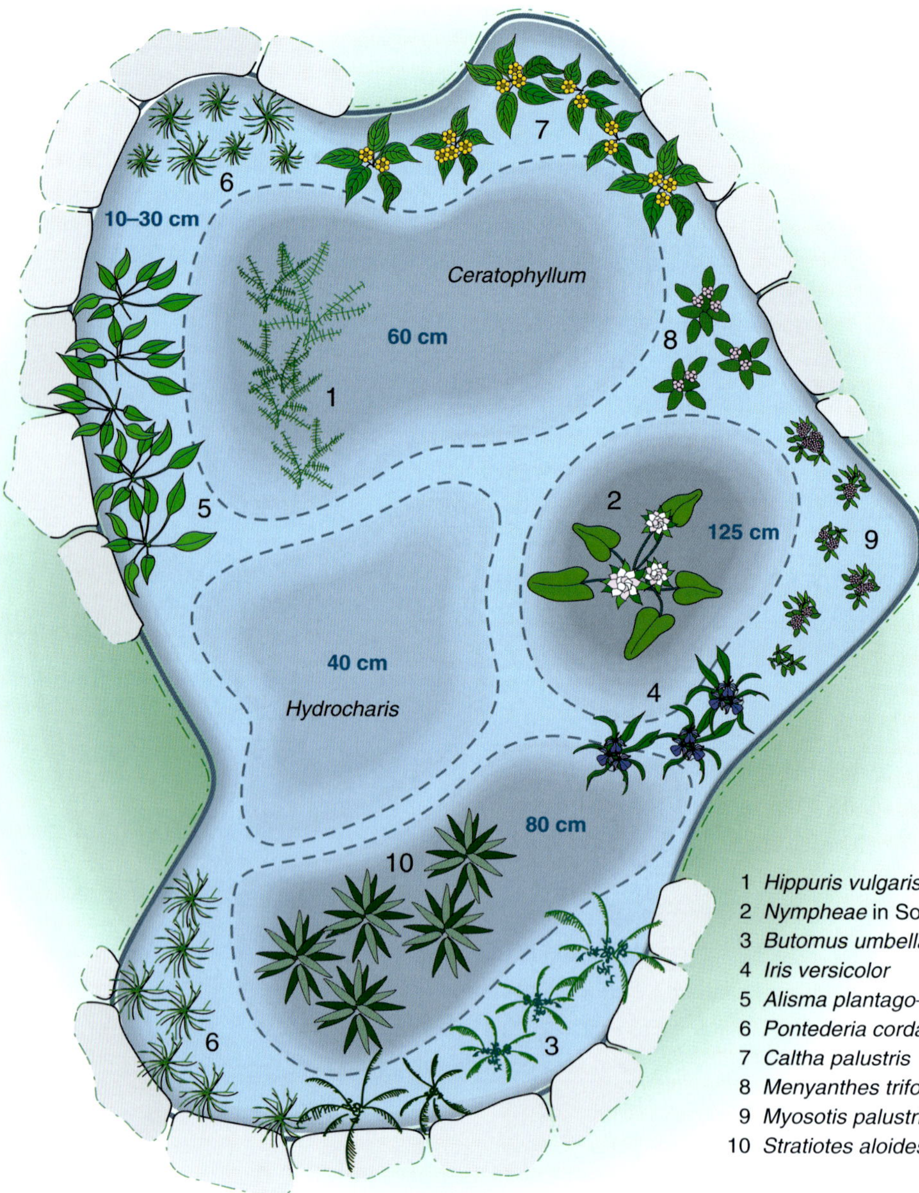

1 *Hippuris vulgaris*
2 *Nympheae* in Sorten
3 *Butomus umbellatus*
4 *Iris versicolor*
5 *Alisma plantago–aquatica*
6 *Pontederia cordata*
7 *Caltha palustris*
8 *Menyanthes trifoliata*
9 *Myosotis palustris*
10 *Stratiotes aloides*

Teichrand- und Umfeldbepflanzung

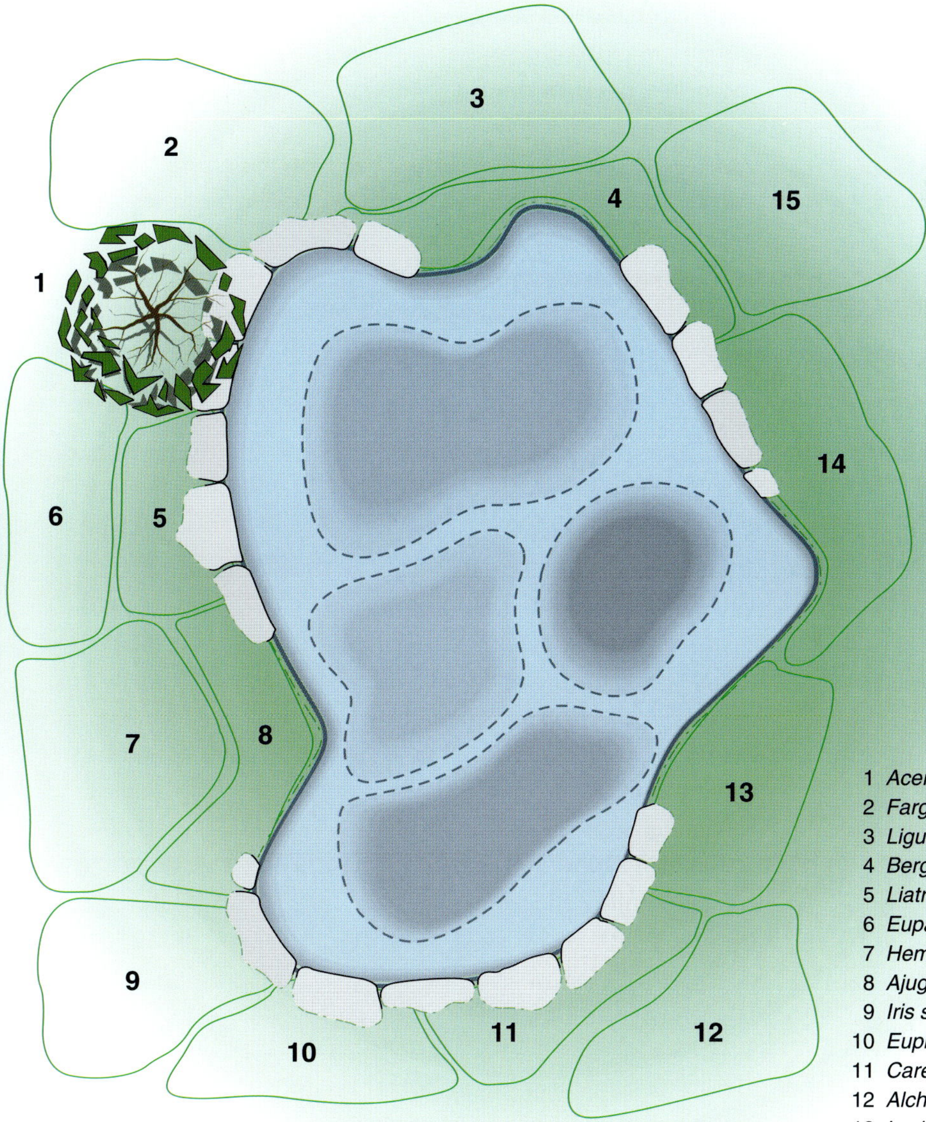

1 *Acer palmatum* 'Dissectum'
2 *Fargesia murieliae* 'Simba'
3 *Ligularia przewalskii*
4 *Bergenia cordifolia*
5 *Liatris spicata*
6 *Eupatorium cannabinum*
7 *Hemerocallis flava*
8 *Ajuga reptans*
9 *Iris sibirica*
10 *Euphorbia polychroma*
11 *Carex morowii*
12 *Alchemilla mollis*
13 *Lysimachia nummularis*
14 *Campanula porscharskyana*
15 *Tradescantia* x andersoniana

Einen Gartenteich kalkulieren

Beauftragen Sie für den Bau Ihres Gartenteichs eine Firma, dann werden sich die Kosten im Gegensatz zu denen bei Eigenarbeit mit Sicherheit sehr stark erhöhen.

TIPP

Was kann man selber machen?

- Im Prinzip kann man beim Bau eines Folienteiches alles selber machen, vorausgesetzt, man hat sich zuvor hinreichend informiert. Bei größeren Teichanlagen ist es jedoch hilfreich, eine Fachperson hinzuzuziehen, der gegebenenfalls beim Vermessen der geplanten Anlage hilft. Besonders wichtig kann dies sein, wenn es sich um ein Gelände handelt, das über ein gewisses Gefälle verfügt und notfalls ausgeglichen werden muss. Ein Helfer, der sich mit einem Nivelliergerät auskennt, leistet hier sicherlich wertvolle Dienste. Fast jeder Garten- und Landschaftsbauer übernimmt derartige Arbeiten. Einen normal großen Gartenteich kann man jedoch – sofern es die Zeit erlaubt – auch durchaus ohne die Zuhilfenahme einer Firma erstellen.

Zwei Lösungen mit unterschiedlichen Materialien

Bei diesen zwei Kalkulationen wurden die Kosten für Arbeitslöhne ausgespart. Für diese müssen Sie bei Ausführung durch eine Fachfirma etwa 40–45 % zusätzlich kalkulieren.

Lösung mit kleinem Fertigbecken

Wasseroberfläche etwa 290 x 235 cm, Teichtiefe max. 69 cm

1 Glasfaserverstärktes Teichbecken (290 x 235 cm, Inhalt 1600 Liter)	635,00 €
1 m^3 Rheinsand 0,3 mm	18,00 €
1 m^3 Kies, Körnung 4/8	22,00 €
3 Gletschersteine à 30–40 cm	80,00 €
Überlauf mit Gummiquetschdichtung	69,50 €
KG-Rohr mit Anschluss an die Dränage	18,00 €
2 m^2 Polygonalplatten als Teichumrundung	90,00 €
20 Wasserpflanzen und Sumpfpflanzen à 3,00 €	60,00 €
1 Seerose	15,00 €
1 Teichpumpe	85,00 €
1 Schaumdüse	17,00 €
40 Stauden, Gräser und Farne für Teichumfeld à 2,50 €	100,00 €
Gesamt	**1209,50 €**

Gartenteich aus PVC-Folie

Wasseroberfläche etwa 6 x 8 m, Teichtiefe max. 125 cm (Wassertiefen 125 cm, 60 cm, 30 cm, 10 cm)

Leihkosten für Minibagger 2 Stunden à 60 €	120,00 €
Laser/Wasserwaage	40,00 €
Teichfolie 8 x 12 m, 1 mm stark à 6,50 €/m^2 (tatsächlich benötigte Menge 8 x 10,5 m, Rest für Bachlauf)	624,00 €

Unterlegvlies 96 m² à 3,00 €	288,00 €
5 m³ Rheinsand 0,3 mm à 18,00 €	90,00 €
3 m³ Kies 4/8 mm à 22,00 €	66,00 €
3 m³ Kies 30–60 mm à 26,00 €	78,00 €
1 t Gletschersteine (Findlinge) Durchmesser 40–80 cm	750,00 €
1/2 t Zierkiesel 20–30 cm	180,00 €
Dichtungsring für Überlauf	40,00 €
KG-Rohr mit Anschluss an die Dränage	36,00 €
10 m² Polygonalplatten als Teichumrandung	450,00 €
60 Wasser,- und Sumpflanzen à 3,00 €	180,00 €
1 Seerose	22,00 €
1 Teichpumpe	319,00 €
Kleinteile und Schlauch für die Pumpe	22,00 €
Schaumdüse	40,00 €
200 Stauden, Gräser und Farne für das Teichumfeld à 2,50 €	500,00 €
25 Kleingehölze im Teichumfeld à 9,00 €	225,00 €
Gesamt	**4070,00 €**

Teichbau ist mit sehr viel Arbeit verbunden, bereitet aber auch viel Freude, wenn das Werk vollendet ist. Zudem spart man mit Sicherheit beim Selbstbau viel Geld. Eine Ausnahme bilden Schwimmteiche und Teiche in schwierigen Geländen, wie z.B. mit starkem Gefälle sowie der Bau komplizierter Einrichtungen in oder am Teich (Brücken, Inseln etc.).

Es ist immer interessant zu wissen, wie hoch eigentlich die tatsächlichen Kosten für den Bau eines Gartenteiches ausfallen. Diese lassen sich umlegen auf die im Teich verlegte Folie oder aber auf die sichtbare Teich- bzw. tatsächliche Wasserfläche.

Nachstehend sind beide Werte aufgrund der vorausgegangenen Kostenkalkulation aufgeführt:

Durchschnittliche Kosten pro m² verlegte Folie ca. 42 € (4070 € Gesamtkosten : 96 m² Teichfolie = 42,35 €).

Durchschnittliche Kosten umgelegt auf die Teichoberfläche ca. 85 E/m² (4070 € Gesamtkosten : 48 m² Wasseroberfläche = 84,79 €).

Der richtige Ablauf für den Bau

Legen Sie sich zuerst die Form des geplanten Gartenteichs mithilfe eines Schlauches nach und sobald die vorgegebene Form mit Ihren Vorstellungen übereinstimmt, streuen Sie die Konturen mit Gartenkalk nach. Es ist zweckmäßig, die unterschiedlichen Wassertiefenbereiche gleich mit anzuzeichnen.

Als nächster Arbeitsschritt wird der Mutterboden auf dieser Fläche abgetragen und gesondert an anderer Stelle abgelagert, möglichst unweit von dem Platz, wo er später benötigt wird. Nachdem der Mutterboden entfernt wurde, erfolgt der eigentliche Aushub des Teichprofils mit seinen unterschiedlichen Wassertiefen. Die hier anfallenden Erdmassen werden später für die Gestaltung des Teichumfelds benötigt und daher gleich an die entsprechende Stelle transportiert.

Sobald der Aushub fertig ist, glättet man die zunächst noch rauen Flächen mit einer Maurerkelle und bringt anschließend eine 2 bis 3 cm dicke Schicht Rheinsand auf. Wird diese mit Wasser überbraust, kann sie anschließend wieder mit einer Maurerkelle vollkommen glatt gezogen werden. Über diese Sandschicht wird an besonders tiefen und steilen Stellen ein Teichvlies eingelegt, das allerdings nicht über den Teichrand hinausgehen darf.

Über das Teichvlies wird die Teichfolie gelegt. Dies sollte nur bei warmen Wetter durchgeführt werden, da andernfalls die Folie zu steif ist. Wenn Sie die Folie vor dem Einbringen einige Minuten lang ausgebreitet in der Sonne liegen lassen, wird die Folienbahn sehr weich und kann dann problemlos in das fertige Teichprofil eingelegt werden.

Je nach Teichgröße werden zum Einbringen der Folie mehrere Personen benötigt. Man bedenke bitte: 1 m² Teichfolie, die 1 mm stark ist, wiegt ziemlich genau ein Kilogramm.

TIPP

- Nur bei sehr großen Teichen lohnt sich der Einsatz von Minibaggern. Ein schönes Teichprofil sollte möglichst in Handarbeit erstellt werden.

▼ Dies ist eine Behelfsbrücke. Die Fundamente sind im Teichprofil bereits eingearbeitet.

Achtung

- Legen Sie Ihre Folie auf dem Rasen aus, dann müssen Sie beachten, dass dieser schnell Schaden nehmen kann, denn bei Sonnenschein entwickeln sich unter der Folie schon nach 5 Minuten enorme Temperaturen.

▲ Ein weitgehend faltenfreies Verlegen von Teichfolien ist erst bei Außentemperaturen von mindestens 20 °C möglich.

Die durch die Sonneneinwirkung weich gemachte Folie lässt sich problemlos dem Teichprofil anpassen, wenn sie über das ausgeformte Loch gezogen und auf Kommando losgelassen wird. Anschließend wird als nächster Schritt in die Tiefzone Wasser eingelassen. Hierdurch zieht sich die Folie und schmiegt sich dem Teichprofil regelrecht an. Niemand sollte den Fehler machen – obwohl dies in vielen Fachbüchern steht – und die Restfolie im Randbereich abschneiden. Die überstehende Folie sollte immer zusammengerollt und am Teichrand nach dem Einarbeiten einer Kapillarsperre vergraben werden.

In die einzelnen Wasserzonen kann nun ein Gemisch aus Sand und Kies unterschiedlicher Körnung eingebracht werden. Auch größere Kiesel wie Oberrheinkies oder Moränenkies sind hier durchaus angebracht. Entgegen vieler Meinungen ist das Einbringen von so genannter Teicherde vollkommen überflüssig, da diese von vornherein eine Basis für einen zu hohen Nährstoffgehalt im Wasser bietet. Die in Töpfchen sitzenden Wasserpflanzen, die später eingepflanzt werden, wachsen auch in einem Sand/Kies-Gemisch gut an. Im Prinzip kann der Teich nun gleich bepflanzt werden. Dabei sollten Sie weniger auf die Masse als auf die Vielfalt achten.

Nachdem auch alle technische Einrichtungen wie Zu-, Über- und Ablaufe einbaut und Filter beziehungsweise Pumpen eingesetzt wurden, kann der Teich mit Wasser befüllt werden. Dies erfolgt in fast allen Fällen über die Wasserleitung oder aber

▶ Durch die Füllung der Tiefzone mit Wasser zieht sich die Teichfolie richtig. Jetzt kann die Kapillarsperre eingebaut werden.

über eine Regenwasserzisterne. Reines Regenwasser eignet sich weniger gut, besser ist Mischwasser.

Die Teichbefüllung muss sehr langsam erfolgen, ohne dass das Teichprofil davon aufgespült wird. Befestigen Sie das Schlauchende in einem Eimer, so dient dessen Boden als Prallfläche. Notieren Sie sich die Menge des eingefüllten Wassers. Dies ist eine gute Grundlage für die spätere Teichpflege.

■ Welches Arbeitsmaterial benötige ich?

Was Sie zur Festlegung von Lage, Form sowie Größe Ihres Teiches an Hilfsmitteln benötigen, das haben Sie schon im vor-

▼ Links: Dieser Teichrand ist nicht nur hässlich, die Folie ist auch ständig der Sonnenbestrahlung ausgesetzt, was ihr auf die Dauer schadet.
Rechts: Eine vorbildliche Kapillarsperre mit einem zusätzlich befestigten Plattenrand.

Arbeitsablauf für einen Folienteich

Arbeitsmaßnahme

1. Teichgröße, Form und Lage am Schreibtisch planen
2. Teichform mithilfe eines Schlauchs am ausgewählten Platz auslegen
3. Mutterboden abheben und getrennt lagern
4. Mit dem Aushub – gestaffelt nach Wassertiefen – beginnen, Aushub richtig lagern
5. Teichrandniveau gegebenenfalls ausgleichen
6. Teichprofil glätten
7. Sandschicht einbringen und glätten
8. Teichvlies einbauen
9. Teichfolie einbringen
10. Sand/Kiesgemisch auf die Folie geben
11. Tiefzone mit Wasser füllen
12. Folienrand eingraben und Kapillarsperre bauen
13. Teich bepflanzen
14. Überlauf einbauen
15. Technische Einrichtungen wie Pumpen, Filter etc. einbringen
16. Teich auffüllen

ausgegangenen Text gelesen. Zur Ausführung der eigentlichen Arbeit benötigen Sie jedoch noch einige weitere Dinge, so einen Schubkarren, Pickel sowie Flach- und Rundschaufeln, sofern Sie für das Grobprofil nicht einen Minibagger beauftragt haben. Wertvolle Dienste kann Ihnen auch eine Kreuzhacke leisten, vor allem wenn der Boden mit Wurzeln durchzogen ist.

Zum groben Glätten des Teichprofils eignet sich sehr gut ein mittelbreiter Eisenrechen. Das Feinplanum der einzelnen Wassertiefen, die mit einer dünnen Sandschicht versehen sind, wird mit einer Maurerkelle bzw. mit einer Glättekelle ausgeführt. Zur Nachkontrolle des Teichprofils leisten ein Meterstab, eine Wasserwaage und eine Richtlatte gute Dienste.

Zum Beschneiden von übermäßig breiten Folienüberständen verwendet man eine scharfe Schere oder kann auch auf ein Teppichbodenmesser zurückgreifen. Um eventuell Verbindungen mit Folien herzustellen ist es recht sinnvoll, wenn Sie sich einen Industrieföhn bzw. Folienkleber oder auch Quellschweißmittel bereit legen.

Material für den Folienteich

- Es ist zweckmäßig, sich vor dem Bau eines Gartenteiches eine Liste des benötigten Baumaterials zu erstellen und diese nach dem Einkauf sorgsam abzuhaken. Vorteilhaft ist es, diese Liste so anzulegen, dass Sie damit einen Preisvergleich der unterschiedlichen Firmen durchführen können.

Artikel/ Material	Menge	Preis Fa. A	Fa. B	Fa. C
Teichfolie				
Teichvlies				
Böschungsmatte				
Folienkleber				
Rheinsand				
Kies				
Zierkiesel				
Findlinge				
Kunststoffrohr				
Anschlussteile				
Teichpumpe				
Wasserpflanzen				
Sonstiges				

Wasser in Bewegung

Ein Wasserfall am eignen Teich oder ein Bachlauf, der sich durch die Gartenanlage windet, bevor er in den Teich zurückläuft, ist immer eine sehr reizvolle Ergänzung der Wasseranlage.

Bewegung schafft Atmosphäre

- Ein Gartenteich ohne Wasserbewegung ist langweilig, denn erst bewegtes Wassers bringt Atmosphäre in den Garten. Durch Wasserbewegung wird außerdem ständig atmosphärischer Sauerstoff in den Teich eingebracht, was dessen Wasserqualität sehr entgegenkommt. Lediglich die Blätter der Seerose fühlen sich durch die ständige Wasserbewegung in ihrer Entwicklung gestört. Am besten setzt man sie im Teich an solcher Stelle ein, wo sie durch die Wasserbewegung nicht beeinträchtigt werden.

Wasserfall

Hat man sich mit der Planung und dem Bau seines Gartenteichs ausreichend auseinander gesetzt, dürfte der Entwurf zu einem Wasserfall keine allzugroßen Schwierigkeiten mehr bereiten. Abzuklären ist in erster Linie die geplante Lage des Wasserfalls und dessen Höhe.

Niemals sollte ein Wasserfall so gebaut werden, dass er wie ein künstlicher Monolith im Garten sitzt. Leider wird dies häufig praktiziert, doch eines solchen Anblicks wird man schnell überdrüssig. Ein Wasserfall am Teich muss sich harmonisch dem Garten anpassen und mit seiner Höhe und Größe optisch zu Teich und Garten passen. Manchmal macht es mehr Sinn, auf einen Wasserfall zu verzichten, als diese Idee mit Gewalt in die Tat umzusetzen.

Ein wichtige, zu beachtender Aspekt ist die Höhe des Wasserfalls. Je höher er ist und je größer die Fließgeschwindigkeit des Wasser, desto lauter ist die Geräuschkulisse, die das ablaufende Wasser verursacht. Zudem sollte das Wasser, mit dem der Wasserfall betrieben wird, durch einen Teichfilter geleitet werden, der 24 Stunden im Betrieb sein muss, um zu funktionieren – manch ein Nachbar kann sich da schnell gestört fühlen.

▼ Ein mehrstufiger Wasserfall aus Kalkgestein.

Der Entwurf

Sind Lage und Höhe einmal festgelegt, stellt sich die Frage nach dem Material, aus dem der Wasserfall gebaut werden soll. Hier bieten sich zwei Möglichkeiten an.

Die einfachste Variante besteht aus Wasserfallschalen, die man als Fertigteile in den unterschiedlichsten Formen und Materialien erwerben kann. Diese werden treppenförmig im Gelände in Sand verlegt, was keine großen Fachkenntnisse voraussetzt. Einfachere Wasserfallschalen bestehen aus schwarzen PVC-Material, gute Schalen sind zumindest noch mit einem Feinkies besandet und die schönsten Varianten aus Recycling-Kunststoff sind in Form und Farbe Bachkieseln recht ähnlich. Nachteilig wird sich bei der Konstruktion mit diesen Schalen immer deren einheitliche Form auswirken.

Ein aus Stein gemauerter Wasserfall bereitet zwar erheblich mehr Arbeit, aber nach der Fertigstellung handelt es sich immer um ein Unikat. Künstliche Betonsteine, Klinker und Ähnliches eignen sich für einen Wasserfall nur bedingt. Am besten geeignet sind Natursteine mit einer plattenförmigen Struktur.

Wasserfall aus Schalenelementen

Um von der sehr gleichmäßigen Form der Wasserfallschalen zumindest ein wenig abzulenken, bieten viele Produzenten Schalen aus einheitlichem Material, aber in unterschiedlichen Größen an, die miteinander verbaut werden können. Für den Einbau wird gesiebter Sand benötigt und für die Abschlusskante eine kleine Betonplatte, mit der gleichzeitig die Fallhöhe reguliert werden kann. Schaufel, Rechen, Maurerkelle und eine Wasserwaage genügen als Werkzeuge. Zum Betrieb des Wasserfalls braucht man eine Teichpumpe, erdverlegbaren Spiralschlauch sowie Anschlussteile. Die Ränder der Wasserfallelemente lassen sich mit Kieseln unterschiedlicher Größe sowie Boden deckenden Kleingehölzen und Stauden kaschieren.

Qualitativ hochwertige Fertigteile für den Bau eines Wasserfalls haben auf der Unterseite gleich ein Anschlussteil für den Schlauch. Der Vorteil: Der Schlauch kann an mehreren Stellen angeschlossen werden und sorgt so bei größeren Wasserfällen für eine gleichmäßigere Wasserversorgung.

▪ Was kostet …

▶ Die rechts aufgeführten Kosten für einen Wasserfall aus Fertigteilen oder aus Naturstein beinhalten nur die Materialkosten. Werden diese Wasserspiele durch einen Fachbetrieb erstellt, müssen Sie mit 40–45 % höheren Kosten rechnen.

… ein Wasserfall aus Fertigteilen?

Um eine gewisse Fallhöhe zu erreichen, sollten mindestens 5 Schalen treppenförmig so übereinandergebaut werden, dass sie einen kleinen Wasserfall ergeben.

Die Preise der Schalen sind sehr unterschiedlich.

Variante A: Felsgestein (50 × 110 cm) pro Schale 79,00 €	395,00 €
Variante B: Flusslauf (66 × 90 cm) pro Schale 139,00 €	695,00 €
Variante C: Flusslauf (50 × 70 cm) pro Schale 98,00 €	490,00 €
Variante D: Steine (106 × 74 cm) pro Schale 219,00 €	1095,00 €
1 m^3 Rheinsand	18,00 €
1 Rasenkantenstein als Unterbau für die Fallhöhe	5,00 €
6 m Spiralschlauch	32,00 €
1 Teichpumpe	139,00 €
Kleinteile	15,00 €
1/2 m^3 Kies	12,00 €
Stauden und Kleingehölze	120,00 €
Variante A	**736,00 €**
Variante B	**1036,00 €**
Variante C	**831,00 €**
Variante D	**1436,00 €**

… ein Wasserfall aus Naturstein?

Für einen Wasserfall, der aus Natursteinplatten gebaut wird und eine Höhe von ca. 2 m hat, werden etwa 2 m^2 Plattenmaterial benötigt. Besonders geeignet sind grüne Polygonal-Platten, Rosario-Polygonalplatten, Bourgogne-Trockenmauersteine, Weser-Polygonalplatten oder andere.

Die Unterkonstruktion kann aus normalen Betonsteinen erstellt werden, wenn sich die notwendige Anschütthöhe für den Wasserfall nicht von selber aus dem Gelände ergibt. Um spätere Undichtigkeiten auszuschließen, sollten die einzelnen Wasserfallstufen auf einer Teichfolienbahn erstellt werden.

2 m² Polygonalplatten à 50,00 €/m²	100,00 €
4 m² Teichfolie à 6,50 €/m²	26,00 €
1 m³ Rheinsand 0,3 mm	18,00 €
2 Sack Zement Portland 35 F	7,50 €
1 kg Zementdichtmasse	12,00 €
10 m Spiralschlauch 1½ Zoll à 5,95 €	59,95 €
Kleinteile	20,00 €
Teichpumpe	159,00 €
Gesamt	**402,45 €**

Bachlauf

Einen Bachlauf kann man durch das aufgeschüttete Gelände leiten, das seitlich vom Teich mit dem Aushub gestaltet wurde, oder man leitet ihn quer durch den Garten.

Ein Bachlauf sollte immer so geplant werden, dass er in unterschiedlichen Breiten verläuft und Stellen aufweist, in denen das Wasser auch mal stehen bleibt, wenn die Pumpe abgestellt ist. Gibt es diese nicht, dann sieht der Bachlauf schnell wie ein ausgetrockneter Bach aus.

Trittplatten im Bachbett oder auch kleine Brücken machen die Gestaltung noch interessanter. Der Beginn eines Bachlaufs kann gut mit einem Quellstein begonnen werden. Dies ist besonders reizvoll, wenn dieser in unmittelbarer Nähe einer Terrasse oder eines Sitzplatzes liegt. Der Zulauf für den Bachlauf wird über einen im Boden vergrabenen Spiralschlauch direkt neben dem Bachlauf gewährleistet.

Kosten

In Fachgeschäften oder Gartencentern gibt es häufig Restmengen von Teich-

▼ Damit der Bachlauf nicht austrocknet, wenn er einmal nicht eingeschaltet ist, sollte er unterschiedliche Breiten und Wassertiefen haben.

▲ Der mit einer Schaumdüse versehene Findling ist hier der Start für einen Bachlauf mit üppig bewachsenen Rändern.

folie, die preiswert erstanden werden können. Berechnen Sie die benötigte Menge nicht zu gering, da zum einen der Bachlauf unterschiedlich breit gestaltet werden soll und zum anderen unbedingt eine Kapillarsperre mit einzuplanen ist. Für einen 60 cm breiten Bachlauf werden rund 120 cm Folienbreite benötigt, für breitere Stellen entsprechend mehr.

▶ Die hier aufgeführten Kosten beinhalten nur die Materialkosten. Bei Ausführung durch einen Fachbetrieb erhöhen sich die Kosten um etwa 40–45%.

Materialbedarf für einen 8 m langen Bachlauf

16 m² Teichfolie, 1 mm, à 6,50 €	104,00 €
2 m³ Rheinsand, 0,3 mm	36,00 €
2,5 m³ Kies, 30/60 mm, à 26,00 €	65,00 €
½ t Zierkiesel 20–30 cm	180,00 €
70 bodendeckende Stauden für die Randgestaltung à 2,50 €	175,00 €
20 Kleingehölze à 5,00 €	100,00 €
30 Gräser und Farne à 3,50 €	105,00 €
12 m Spiralschlauch 1½ Zoll à 5,95 €	71,40 €
Kleinteile	20,00 €
Quellstein mit Bohrung, 40 cm hoch	160,00 €
Teichpumpe	180,00 €
Gesamt	**1196,40 €**

Pflanzen für den Bachlaufrand

- Ein Bachlauf ohne Randbepflanzung sieht trostlos und sehr technisch aus. Neben dem Rand sollten aber auch die Flachwasserzonen, in denen immer etwas Wasser stehen bleibt, bepflanzt werden.

Für die Wassermulden eignen sich:

Botanischer Name	Deutscher Name	Wuchshöhe in cm
Acorus calamus	Kalmus	60
Alisma plantago-aquatica	Froschlöffel	60
Caltha palustris	Sumpfdotterblume	30
Euphorbia palustris	Sumpfwolfsmilch	80
Iris laevigata	Sumpfiris	80
Iris versicolor	Amerikanische Sumpfiris	60
Juncus ensifolius	Zwergbinse	30
Lobelia siphilitica	Hellblaue Sumpflobelie	40
Lysimachia thyrsiflora	Goldfelberich	40
Lythrum salicaria	Blutweiderich	50
Mimulus cupreus	Kupferrote Gauklerblume	20
Ranunculus flammula	Brennender Hahnenfuß	40

Für die Bachlaufrandgestaltung eignen sich:

Botanischer Name	Deutscher Name	Wuchshöhe in cm
Ajuga reptans	Günsel	15
Alchemilla mollis	Frauenmantel	30
Arundinaria pumila	Zwergbambus	60
Carex morrowii 'Variegata'	Japansegge	30
Festuca glauca	Blauschwingel	30
Festuca scoparia	Bärenfellgras	25
Luzula nivea	Schneemarbel	30
Luzula sylvatica	Waldmarbel	30
Lychnis flos-cuculi	Kuckuckslichtnelke	40
Myosotis palustris	Sumpfvergissmeinnicht	15
Primula × bullesiana	Etagenprimel	25
Sesleria caerulea	Blaugras	35

Gehölze für die Teich- und Bachlaufrandgestaltung:

Botanischer Name	Deutscher Name	Wuchshöhe in cm
Buxus sempervirens	Buchsbaum	Je nach Schnitt
Cotoneaster in Arten u. Sorten	Kriechmispel	Je nach Sorte
Euonymus fortunei in Sorten	Kriechspindel	50
Hypericum in Arten u. Sorten	Johanniskraut	Je nach Sorte
Ilex crenata	Zwergstechpalme	60
Lonicera nitida	Maigrün	50
Skimmia-Arten	Berglorbeer	60
Viburnum davidii	Zwergschneeball	60

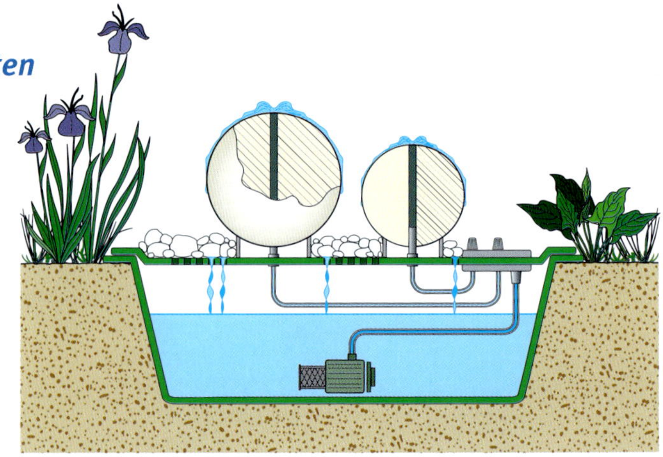

▲ Schematische Darstellung eines Sprudelbrunnens, der aus zwei Kugeln besteht.

■ Dekorative Wasserstelle

Der Wunsch nach einer dekorativen „Wasserstelle" im Garten ist weit verbreitet. Aus Platzgründen können ein Teich mit Wasserfall oder Bachlauf jedoch oft nicht gebaut werden. Auch die Wirtschaft hat dieses Problem erkannt und so wurden gerade in den letzten Jahren viele Anlagen auf den Markt gebracht, die in ihrer Größe und Funktion so kompakt sind, dass sie auch Platz auf einer Terrasse finden. Die Palette der Möglichkeiten reicht vom künstlichen Mühlstein aus glasfaserverstärktem Kunststoff über Betonteile bis hin zu Produkten aus Naturstein.

Planung

Bei der Planung dekorativer Wasserstellen sind optische Bedingungen am wichtigsten. Die Wasserstelle muss von allen Seiten gut sichtbar sein, da sie ja nur eine geringe Größe hat, und eine 220-Volt-Steckdose sollte in ihrer Nähe liegen, damit man sie auch betreiben kann. Teichpumpen, die man für derartige Zwecke einsetzt, haben meist 10 m Kabellänge.

Bei der Planung müssen Geländeverläufe mit Gefälle berücksichtigt werden. Der Einbau des Vorratsbehälters sollte immer eben, aber leicht erhöht eingebaut werden, damit dieser bei Regengüssen nicht ständig durch Geländewasser überfüllt wird.

Soll die Wasserstelle auf einer Dachterrasse oder einem Balkon aufgebaut werden, sind statische Werte zu berücksichtigen, die die Gewichtsbelastung betreffen. Ein Quellsteinbrunnen mit einem Vorratsbehälter von 300 Liter Wasser wiegt 300 kg, hinzu kommt das Gewicht vom Quellstein und den Zierkieseln. Je nach Steingröße können dabei Gewichte von 400 kg und mehr erreicht werden, die sich auf einer Fläche von meist weniger als 1,5 m^2 verteilen. In vielen Fällen kann dies bereits zu hoch sein: Erkundigen Sie sich auf jeden Fall beim Bauträger oder dem Architekten.

Weniger Probleme bereitet die Aufstellung auf einer ebenerdi-

TIPP

- Achten Sie beim Kauf eines Sprudelbrunnens aus mehrstufigen Elementen auf eine Druckregulierung – diese ist für einen gleichmäßigen Wasserdurchfluss wichtig.

◀ In die Bohrkrone dieses nordischen Findlings wurde eine Schaumdüse eingelassen.

gen Gartenterrasse. Überlegen Sie schon bei der Planung, ob der Vorratsbehälter im Terrassenboden eingelassen werden kann oder die Anlage frei aufgestellt werden muss. Die erste Variante wird immer die schönere sein, weil man hinterher weniger von der Technik sieht und auf eine aufwändige Verkleidung des Vorratsbehälters verzichten kann.

Arbeitsmaterialien

Wie auch immer die Wasserstelle später gestaltet sein wird, für Aufbau und Funktion werden immer die selben Materialien benötigt. In vielen Gartencentern erhält man auch komplette Anlagen: Vorratsbehälter, Abdeckplatte, Verteileranlage, Pumpe und Wasserspiel, außerdem Zierkiesel für die Abdeckplatte. Die kompakten, allerdings auch nicht sehr großen Anlagen sind in der Regel sehr preiswert.

Wird die Wasserstelle selber gebaut, besorgen Sie sich ein kleines Wasserbecken als Vorratsbehälter. Bei freier Aufstellung muss es fiberglasverstärkt sein, wird es eingegraben, sind Behälter aus PVC oder PE ausreichend. Zur Verkleidung frei stehender Vorratsbehälter eigenen sich Holzpalisaden oder Palisaden aus Beton oder Naturstein. Über eingegrabene Behälter wird ein Gitterrost gelegt, wie bei Kellerfenster-Abdeckungen bekannt, oder eine Abdeckplatte, die passend zum Becken gekauft werden kann. Lagern Sie den Abdeckrost auf breite, seitlich eingelassene Rasenkantensteine, das gibt eine bessere Gewichtsverteilung. Damit man bei Wartungsarbeiten an die Pumpe gelangen kann, sollte in der Abdeckung eine größere Öffnung eingeplant werden, da ansonsten gegebenenfalls der ganze Brunnen abgeräumt werden muss.

TIPP

- Findlinge, die einem besonders gut gefallen, sind selten mit einer Bohrung ausgestattet, um sie als Quellstein verwenden zu können. Die nachträgliche Bohrung kann der Steinmetz vornehmen. Eigenversuche scheitern meist am geeigneten Gerät.

Gitterrost oder die Abdeckplatte werden mit glatten, runden Oberrheinkiesel kaschiert. Das eigentliche Wasserspiel kann ein Mühlstein, ein Kugelset oder Säulenset aus eckigen oder runden Säulen sein. Die Sets, die in der Regel zwei- oder dreiteilig sind, haben immer unterschiedliche Größen bzw. Höhen. Damit sie später im Betrieb eine gleichmäßige Spritzhöhe haben, benötigt man eine regelbare Verteileranlage sowie Spiralschlauch, Kleinteile und eine Teichpumpe.

Materialkosten einer dekorativen Wasserstelle
In der nachfolgenden Auflistung sind mehrere Wasserspielarten aufgeführt. Bei Ausführung durch eine Fachfirma erhöhen sich die Kosten um etwa 40–45 %.

1 Springbrunnenbecken, Durchmesser 60 cm, GFK-Material	70,00 €
1 Abdeckplatte, Durchmesser 60 cm, GFK-Material	54,00 €
oder	
1 Springbrunnenbecken 100 × 100 cm, GFK-Material	166,00 €
1 Abdeckplatte 100 × 100 cm, GFK-Material, belastbar 400 kg	141,00 €
oder	
1 Springbrunnenbecken, Durchmesser 130 cm, GFK-Material	178,00 €
1 Abdeckplatte 13 cm, GFK-Material, belastbar bis 1000 kg	150,00 €
1 Mühlstein, GFK-Material, 50 cm Durchmesser	192,00 €
oder	
1 Mühlstein, GFK-Material, 70 cm Durchmesser	295,00 €
oder	
1 Mühlsteinbecken, GFK-Material, 95 cm Durchmesser	394,00 €
1 Pumpensockel für den Mühlstein aus GFK-Material	150,00 €
Mühlstein aus Granit, gelb, rot oder grau Durchmesser 50 cm	130,00 €

TIPP

- Die Abdeckplatte oder der Gitterrost unter dem Quellstein sollte immer über eine so große Öffnung verfügen, dass man problemlos an die Pumpe gelangen kann.

◀ Bei großen Teichen wirken kleine Brücken oder Stege besonders schön und sind zudem sehr praktisch.

Durchmesser 70 cm	225,00 €
Durchmesser 90 cm	335,00 €
Kugeln aus Granit, gelb, rot oder grau	
Durchmesser 30 cm	120,00 €
Durchmesser 40 cm	220,00 €
Durchmesser 60 cm	585,00 €
Durchmesser 80 cm	1200,00 €
Säulenset aus Granit, rot, gelb oder grau	
Eckige Säulen 30, 60, 90 cm	325,00 €
Runde Säulen 30, 60, 90 cm	470,00 €
Dreieckige Säulen 30, 45, 60 cm	360,00 €
Spiralschlauch 1½ Zoll/m	6,95 €
Kleinteile	20,00 €
Dekorative Abdecksteine für Rost oder Abdeckplatte/kg	0,90 €
Gesamt zwischen 600,00 € und	**1800,00 €**

Bei Aufstellung im Garten kommen noch die Kosten für die Umpflanzung der Anlage hinzu, die mit Kleinsträuchern, Stauden, Gräsern und Farnen zusätzlich mit etwa 75,00 €/m² zu Buche schlagen.

TIPP

- Fertige Brücken und Stegelemente erhält man im Holzfachhandel. Zedernholz ist besonders gut geeignet. Der Bau eines kleinen Fundaments als Brückenlager ist Voraussetzung.

Wenn Sie sehr wenig Platz haben

- Kleine Brunnenanlagen aus Beton, die aufgrund ihrer Einfärbung nur mit Mühe von einem Naturstein wie Granit oder Sandstein zu unterscheiden sind, gibt es in vielen Varianten auf dem Markt.
Brunnenmodelle, die direkt an einer Wand stehen können und somit sehr Raum sparend sind, eignen sich besonders, wenn nur wenig Platz vorhanden ist. Häufig findet man auch Brunnen, die im „Marmorlook“ aus durchgefärbtem, weißen

Beton gefertigt wurden und in ihrer Formgebung klassischen Brunnen Modell nachempfunden sind. Betrieben werden sie mit kleinen Pumpen, die in der Regel nicht sichtbar sind.
Bedingt durch die zumeist nur geringe Wassermenge in diesen Brunnen ist ihr Wartungs- und Pflegeaufwand recht hoch. Um einer übermäßigen Verunreinigung durch Algen etwas vorzubeugen, können dem Wasser im Brunnen Algen verhindernde Chemikalien zugegeben werden. Diese auf Essigsäure basierenden Substanzen dürfen allerdings nicht an Pflanzen gelangen.
Die kleinste, dekorative Wasserstelle im Garten oder auf einer Terrasse ist die Vogeltränke, die Sie in verschiedenen Formen, Größen und Materialien kaufen können. Der Standort von Vogeltränken muss gut einsehbar und frei sein. Ist er leicht erhöht, bietet er den anfliegenden Vögeln eine bessere Fluchtmöglichkeit.
Flach auf dem Boden aufgestellte Vogeltränken werden gerne von Katzen aufgesucht. Aus hygienischen Gründen sollten die Tränken regelmäßig gesäubert und auch immer wieder mit Frischwasser versorgt werden.

Bachlauf mit Teichfolie und Quellsteinbrunnen

▲ Natursteinbecken mit Sprudler

▲ Kugelbrunnen

▲ Steinstelen als Sprudelsteine

Arbeitsschritte zum Bau eines Bachlaufs mit Teichfolie

- Länge ermitteln
- Verlauf planerisch mit Teichfolie festlegen
- Breite und Tiefstellen markieren
- Aushub vornehmen
- Ausgehobenes Bachbett mit 3 cm dicker Rheinsandschicht versehen
- Sandbett anfeuchten und mit einer Mauerkelle glätten
- Teichfolie einziehen
- Kurven wegen Faltenbildung der Folie aufschneiden und neu verschweißen
- Probelauf mit Wasser aus dem Teich
- Gegebenenfalls Änderungen und Korrekturen vornehmen
- Bachlaufränder mit Kapillarsperre versehen
- Bachlaufkopf (Start) als Miniaturteich gestalten
- Eventuell einen Sprudelstein als Bachlaufkopf einsetzen
- Bachlaufende (Einlauf) am Teichrand verschweißen
- Bachlauf und Bachlaufrand mit Kiesel und Steinen gestalten
- Bepflanzung mit Stauden, Farnen und Gräsern

Arbeitsschritte für einen Quellsteinbrunnen

- Platz festlegegen
- Fertigbecken einbauen, genau in Waage setzen
- Rasenkantensteine als Widerlager für den Gitterrost setzen
- Gitter auflegen
- Gitter ausklinken für eine Öffnung, um die Pumpe erreichen zu können
- Pumpe mit Schlauchanschluss setzen
- Sprudelstein auf das Gitter setzen
- Pumpenschlauch durch die Quellsteinbohrung fädeln
- Becken mit Wasser füllen
- Probelauf, Pumpleistung gegebenenfalls drosseln
- Gitterrost mit Zierkieseln abdecken
- Umfeld mit Bambus, Gräsern, Farnen und Stauden bepflanzen

Kapitel 2

Die Gartenbewässerung

- Eine Regenwasserzisterne planen, entwerfen, kalkulieren
- Eine Gartenbewässerung planen, entwerfen, kalkulieren
- Weitere Bewässerungsmöglichkeiten

Eine Regenwasserzisterne planen, entwerfen, kalkuliere

In unseren Breitengraden gibt es zum Glück noch Wasser. Aber wie lange noch? Mit der Zeit führt kein Weg mehr daran vorbei, ein wenig ökologischer zu denken. Wer sich um die Regenwassernutzung mittels einer Zisterne bemüht, kann zudem Geld sparen.

Regentonnen und Zisternen

Zum Sammeln und Speichern von Regenwasser eignet sich nahezu fast jeder Behälter, es kommt nur darauf an, welche Mengen man speichern möchte und wie man das gespeicherte Wasser verwenden will. Nach wie vor bewährt: die Regentonne, deren Sammelmenge bei geschickter Planung für die Gartenbewässerung durchaus ausreichend ist.

Die am Regenrohr angeschlossenen Tonnen sollten mit einem kleinen Filter ausgestattet sein, so wird verhindert, dass ständig der Schmutz vom Dach in die Tonne gespült wird. Zweckmäßig haben sich „Regendieb“ oder „Regenfux“ erwiesen, die das überlaufende Wasser einer Regentonne automatisch in die Dränage ableiten.

▼ Die gute alte Regentonne, ob altes Bier- oder Ölfass. Heutzutage sind Regentonnen zumeist aus Kunststoff gefertigt.

Größe Mengen an Regenwasser werden in einer Zisterne gesammelt, deren Größe von mehreren Faktoren abhängig ist. Auf Niederschlagskarten kann man die durchschnittlichen Regenmengen ableiten. Wie viel Regenwasser ein Dach auffangen kann, ist von der mittleren Niederschlagsmenge und der Dachgröße abhängig, eine weitere Rolle spielen Neigungswinkel und Material. Aus diesen Werten wird der so genannte Abflussbeiwert ermittelt, der beim Ziegeldach 0,75, beim Kiesdach 0,6 und beim Metalldach 0,9 beträgt. Nun fehlt für die Berechnung der Speichergröße nur noch der Ladebeiwert, der sich aus der Differenz des Wasserbedarf eines Haushalts und der möglichen Regenwasserernte ermitteln lässt. Hilfreich ist auch eine Planungsliste.

Formblatt zur Ermittlung des Wasserbedarfs im Haushalt

	m³/Jahr		Personen		m³/Jahr gesamt
Toilettenspülung	8	×	☐	=	________
Waschmaschine	6	×	☐	=	________
Putzen	4	×	☐	=	________
Wasserhahn extern	3	×	☐	=	________
Gartenbewässerung	6/100 m² Nutzgarten	×	☐	=	________

Weicht der errechnete Wasserbedarf vom Regenwasserertrag um weniger als 20 % ab, so kommt ein Ladebeiwert von 0,05 in Anrechnung. Bei größeren Differenzen nach oben oder unten ein Ladebeiwert von 0,03. Mit diesen gesammelten Werten kommt nun für die richtige Dimensionierung einer Regenwasser-Zisterne die nachfolgende Berechnungsformel zum Einsatz.

Auffangfläche (m²) × Niederschlagsmenge (l/m²) × Abflussbeiwert × Ladebeiwert = Speichergröße

Planungsliste zur Dimensionierung einer Regenwasser-Nutzungsanlage

Regenauffangfläche
- ☐ m² Grundfläche des Hauses
- ☐ m Gebäudehöhe
- ☐ Grad Dachneigung

Gebäudetyp
- ☐ m² Gartenbewässerung
- ☐ Einfamilienhaus
- ☐ Mehrfamilienhaus
- ☐ Schule
- ☐ Fabrikgebäude
- ☐ Sonstiges

Regenwasserbedarf
- ☐ Personenanzahl
- ☐ Anzahl Toilettenspülkästen
- ☐ Druckspüler
- ☐ Waschmaschinen

Fallrohre
- ☐ Anzahl

Material
- ☐ Zink
- ☐ Kunststoff

Dachtyp
- ☐ Kupfer
- ☐ Flachdach
- ☐ Steildach
- ☐ Walmdach
- ☐ Satteldach
- ☐ Gründach

Dachmaterial
- ☐ Ziegel, Schiefer
- ☐ Kiesdach
- ☐ Bepflanztes Dach
- ☐ Metalldach
- ☐ Bitumenfläche

Bauliche Voraussetzung
- ☐ Neubau
- ☐ nachträglicher Einbau

Aufstellungsort
- ☐ im Haus
- ☐ im Erdreich
- ☐ oberirdisch

Material der Zisterne
- ☐ Kunststoffzisterne
- ☐ GFK- Zisterne
- ☐ Betonzisterne
- ☐ Monolithische Betonzisterne

▶ Monolithische Betonzisterne.
▼ Regentonne mit Überlauf und Ablasshahn.

Welche Zisterne ist geeignet?

Wird das Regenwasser nur zur Gartenbewässerung verwendet, ist im Prinzip eine Zisterne ausreichend, die oberirdisch im Garten Platz findet. Zwar tragen diese nicht gerade zur Verschönerung eines Gartens bei, sind aber sehr preiswert und sehr einfach im Betrieb. Ein Nachteil sind die unterschiedlichen Wasserqualitäten aufgrund der schwankenden Außentemperaturen.

Im Erdboden versenkte Zisternen sind unsichtbar und ihre Wasserqualität bei Vorfilterung ganzjährig gleichmäßig – ihr Wasser kann daher neben der Gartenbewässerung auch für andere Zwecke genutzt werden. Eine Alternative sind im Keller eingebaute Zisternen.

Zisternenmaterialien

Bei im Boden versenkbaren Zisternen hängt die Materialwahl von der benötigten Größe ab. Für einen normalen Haushalt reichen Zisternen mit einem Volumen von 4 bis 8 m^3

▲ Kleine Auswahl verschiedener Zisternenarten.

aus, die aus Kunststoff gefertigt und zum Vergraben zugelassen sind. Diese sind mit einer speziellen Verrippung oder mit Versteifungsbändern ausgestattet. Ein noch stabilerer Typ ist aus glasfaserverstärktem Kunststoff gefertigt. Größere Zisternen und vor allem auch solche, die unter einer befahrenen Decke (z.B. Parkplatz) liegen, sollten aus Sicherheitsgründen aus Beton hergestellt sein. Man unterscheidet zwischen aus Einzelstücken zusammengesetzten oder aus einem Stück gefertigten, so genannten monolithischen Betonzisternen.

Einbau der Zisterne

Beim Hausneubau ergibt sich die Standortfrage meist von selbst, beim nachträglichen Einbau, vor allem wenn der Platz unterhalb einer Gartenfläche liegt, muss der Standort sorgfältig ausgewählt werden. Die Zisterne sollte so tief liegen, dass später darüber Pflanzen wachsen können; sie muss aber auch für Wartungsarbeiten zugänglich bleiben. Um lange Zuläufe vom Regenrohr zu vermeiden, sollte sie in Hausnähe liegen. Dies gilt auch für den einzubauenden Verwirbelungsfilter, dessen Filterwirkung am besten ist, wenn er in unmittelbarer Nähe des Fallrohrs eingebaut ist.

Rund um die Regenwasser-Zisterne

- Kunststoffzisternen sollten immer mit einem Domschacht ausgestattet werden, damit sie jederzeit gewartet werden können.
- Das von der Dachfläche abgeleitete Regenwasser sollte nur über eine Filteranlage in die Zisterne eingeleitet werden. Die Filter sind genau auf die ankommenden Wassermengen bestimmter Dachtypen und Flächen abgestimmt.
- Die Einleitung des gefilterten Regenwassers erfolgt dann am besten über einen beruhigten Einlauf. So werden die in der Zisterne befindlichen Sedimente nicht ständig aufgespült.
- In dem an der Dränage angeschlossenen Überlauf sollte ein Kleintierschutz installiert werden.
- Um Geruchsbelästigungen aus dem Kanal zu vermeiden, wird dem Überlauf ein Siphon vorgeschaltet.
- Eine geräuscharme Tauchpumpe dient zur Wasserentnahme aus einer unterirdischen Regenwasserzisterne. Der Saugstutzen ist zweckmäßigerweise an eine schwimmende Entnahme gekoppelt.
- Vom Gesetzgeber sind Hinweisschilder für jeden Wasserhahn vorgeschrieben, der mit Wasser aus der Regenwasserzisterne gespeist wird.

1 Dachrinne / Fallrohr
2 Filterschacht
3 Zuleitung
4 Speicher
5 Überlauf mit Geruchsverschluss
6 Trennwand
7 Wasserstands-Sensoren
8 Ansaugfilter
9 Saugleitung
10 Hauswasserstation
11 Brauchwassernetz
12 Trinkwasserleitung
13 Magnetventil
14 Freier Auslauf
15 Schaltgerät mit Wasserstandsanzeige
16 Gartenwasser (kein Trinkwasser)

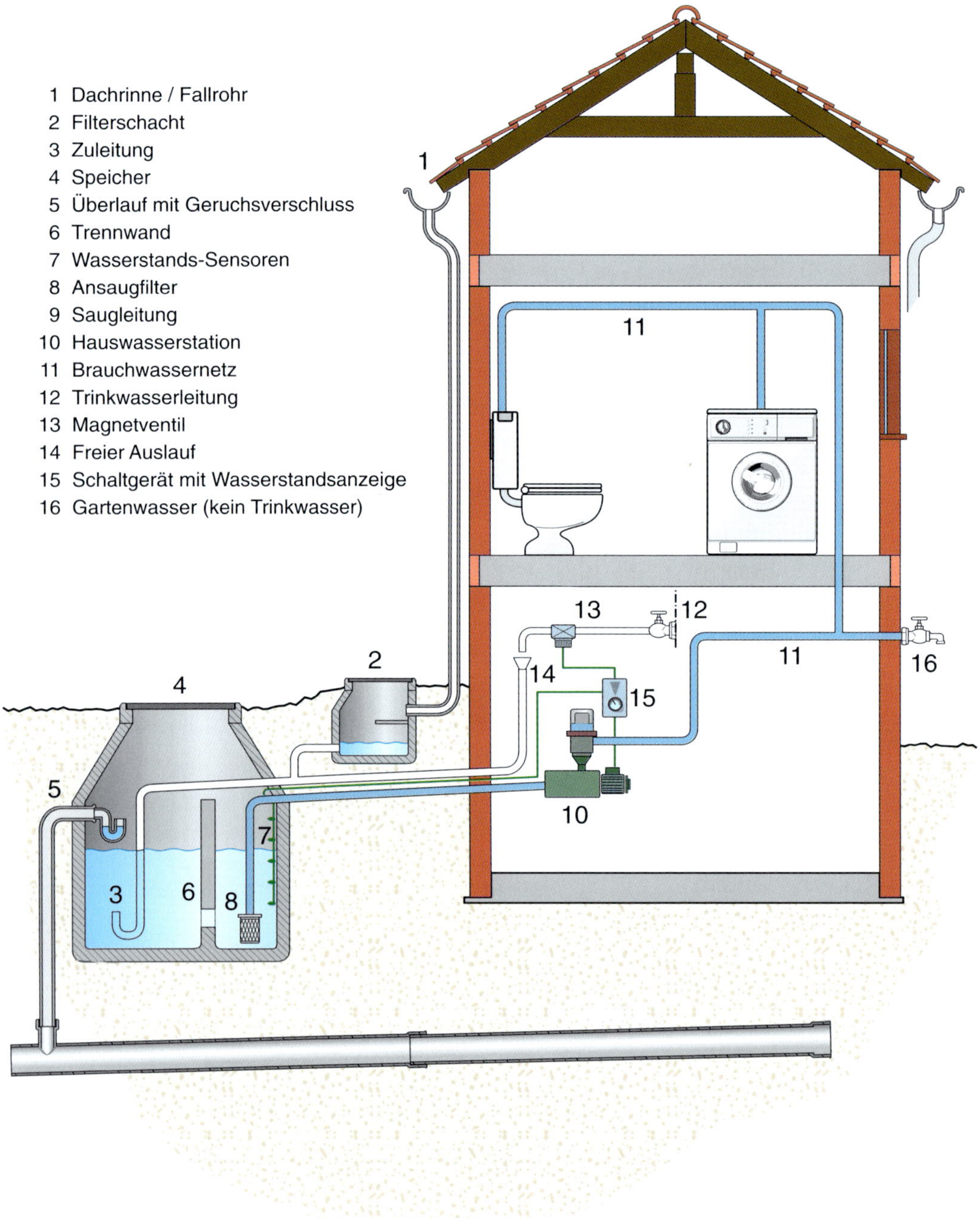

Beispiel einer Wirtschaftlichkeitsberechnung

Wasserkosten unterteilen sich in Leitungswasser- und Abwasserkosten. In unserem Beispiel belaufen sich die Kosten für Leitungswasser auf 2,02 €/m³ und auf 2,08 €/m³ für das Abwasser. Ein m³ Wasser kostet somit 4,10 €.

Bei einem jährlichen Verbrauch von 90 m³ Leitungswasser für Gartenbewässerung und häusliche Reinigungsarbeiten könnten somit 369,00 € eingespart werden, wenn gesammeltes Regenwasser eingesetzt wird. Von dieser Summe müssen die anfallenden Kosten für Betrieb und Wartung der Regenwasser-Nutzungsanlage noch abgezogen werden.

Einsparsumme	369,00 €
Betriebskosten/Jahr	- 17,90 €
Reparaturen/Jahr	- 20,45 €
Eingesparter Betrag/ Jahr	330,65 €

Setzt man diesen Betrag mit den Investitionen für die Installation der Regenwasserzisterne samt Zubehör in Beziehung, erfährt man, in wie viel Jahren sich die Anlage amortisiert hat.

Stahlbeton-Erdzisterne mit 6 m³ Inhalt	1120,00 €
Aushub	100,00 €
Wirbelfeinfilter	490,00 €
Pumpe, Steuertechnik etc.	590,00 €
Hausinstallation, Verbindungsleitungen	800,00 €
Installationskosten vom Fachbetrieb	420,00 €
Sonstige Materialkosten	100,00 €
Gesamtsumme	3620,00 €
Abzüglich öffentlicher Fördermittel	- 1000,00 €
Endsumme	2620,00 €

Baukosten 2620,00 € : jährliche Einsparung 330,65 € = 7,9 Jahre

Durch ständig steigende Gebühren für Leitungs- und Abwasser wird sich der Zeitraum der Amortisation eher leicht nach vorne verlagern. Zusätzlich zu dem Bewusstsein, etwas ökologisch Sinnvolles getan zu haben, sollte das ein Ansporn zur Errichtung einer Regenwasser-Nutzungsanlage sein. Die öffentlichen Fördermittel sind allerdings sehr unterschiedlich innerhalb der einzelnen Bundesländer.

Eine Gartenbewässerung planen, entwerfen, kalkulieren

Die einzelnen Flächen einer Gartenanlage müssen auf unterschiedlichste Weise bewässert werden und der Wasserbedarf von Gartenpflanzen ist sehr variabel, es bieten sich hier daher eine Fülle von Möglichkeiten.

Vorüberlegungen

Erster Planungsschritt ist eine grobe Einteilung der vorhandenen Gartenflächen und eine Abstimmung darüber, wie diese bewässert werden können. Auch die Lage des Grundstücks ist zu berücksichtigen, denn Ebene oder Hanglage machen einen großen Unterschied, und die Bodenbeschaffenheit ist wichtig, denn von ihr hängt dessen Wasser-Speicherkapazität ab. Eine letzte Überlegung ist zweifellos finanzieller Art, ob Gießkanne, Schlauch oder vollautomatische Anlage zum Einsatz kommen.

Sieht man von den Kosten einer Bewässerungsanlage ab, so ist es am zweckmäßigsten, für die Installation einer Gartenbewässerung Gartenflächen auszuwählen, die bei rein manueller Bewässerung den größten Zeitaufwand verursachen würden. Dies sind zum Beispiel Hanglagen, die einfach Mühe bereiten, wenn man einen Schlauch hinter sich herziehen muss.

Bewässerungsflächen lassen sich auch nach Bodenarten planen. Sandige Flächen haben einen bedeutend höheren Wasserbedarf als Lehmböden, denn Sand hat eine sehr geringe Wasserhaltekraft.

Der Boden als Wasserspeicher

■ Wichtigste Bodenarten, deren Wasserspeicher-Kapazität und die Restmenge an Wasser im Boden, bei der eine Pflanze welkt

Bodenart	Speichermöglichkeit g/100 cm3	Wassergehalt beim Welkepunkt g/100 cm3
Sand	10	3
Lehmiger Sand	20	8
Sandiger Lehm	25	12
Lehm	35	15
Toniger Lehm	40	22
Ton	45	30

nach Baetge

▼ Funsprinkler erzeugen lustige Wasserbilder.

Gartenflächen und ihre Bewässerung

- Der Rasen nimmt fast immer den größten Teil ein. Eine Bewässerung von Hand macht hier wenig Sinn, weil Zeitaufwand und Wasserverbrauch unverhältnismäßig hoch wären. Hier ist eine Bewässerung mit Kreis- oder Viereckregnern oder einer vollautomatischen Anlage mit Versenkregnern angebracht.

- Ein Nutzgarten wird je nach Größe am besten mit einer individuell regulierbaren Tropfbewässerung, einem Schlauch mit Brause oder Gießstab oder aber mit der Gießkanne bewässert. Die sehr unterschiedlichen Pflanzenarten in diesem Garten erlauben wenig Spielraum für eine Beregnungsanlage.

- Staudenbeete sind aufgrund der Artenvielfalt der Stauden von einer automatisierten Bewässerungsmethode zwar nicht ausgeschlossen, dem sehr unterschiedlichen Wasserbedarf muss jedoch Rechnung getragen werden.

- Gehölzränder und Bäume eignen sich gut für eine Bewässerungsanlage. Welche Methode besten passt, ist von den Pflanzen, deren Größe und Alter abhängig.

- Hecken, ob Koniferen oder Laubgehölze, leiden in der Sommerhitze oft unter Wassermangel – eine Ursache für Schädlings- und Pilzerkrankungen. Auch hierfür gibt viele Möglichkeiten bis hin zur vollautomatischen Bewässerung.

- Obstgärten, die mit den unterschiedlichsten Arten bepflanzt sind, haben je nach Bodenbeschaffenheit vor allem als Neuanlage einen recht hohen Wasserbedarf. Schon bei der Planung sollte man an ein Rohrleitungssystem denken.

- Rosenbeete haben einen sehr hohen Wasserverbrauch, vor allem Beete aus sandigem Boden. Überkopfberegnungen sollte man hier jedoch nicht einplanen, da die Nässe den Blüten und Blättern schadet.

- Pflanzen in Gefäßen auf Terrasse und Balkon benötigen eine regelmäßige Bewässerung. Welken die Pflanzen in den Gefäßen erst einmal, erholen sie sich zumeist nur sehr langsam. Um die Gießvorgänge zu erleichtern, bietet der Markt hier Vorrichtungen an, die Zeit und Wassergeld sparen.

Bewässerungsort	Bewässerungsart
Rasenflächen, große Gartenflächen	Versenkregner
Rasenflächen	Schwenkregner
Rasenflächen, große Gartenanlagen	Überkopfregner
Beet und Rabatten, Ziersträucher	Sprühdüsen
Kleine Pflanzflächen, Hecken	Streifdüsen
Gemüse- und Blumenbeete	Riesel- und Perlschäuche
Hecken, Einzelpflanzen, Kästen und Kübel	Tröpfchenbewässerung

Möglichkeiten der Gartenbewässerung

Gießkannen aus Kunststoff oder Metall sind aus einem Garten nicht weg zu denken, für großflächige Bewässerungen jedoch ungeeignet. Beim Kauf einer Gießkanne sollte man auf die Qualität des Gießkopfes achten. Gleichmäßige, feine Bohrungen auf der Oberfläche sind wichtig, weil nur so ein weicher, sanfter Wasseraustritt möglich ist. Gute Gießkannen haben eine Gießkopffläche, die aus dünnem Messingblech gefertigt ist. Sonderformen mit extra langem Kannenhals und besonders abgeschrägtem Gießkopf verwendet man im Kleingewächshaus und für Aussaaten.

Gartenschläuche erleichtern das Gießen im Garten oder auf Teilflächen ganz wesentlich. Farbe, Qualität, Gewebe und Länge können frei bestimmt und je nach den Bedürfnissen gekauft werden.

▶ Diese Edelstahl-Stele ist direkt am Wassernetz angeschlossen und somit als Wasserentnahmestelle voll funktionstüchtig.

Faustregel

- Man unterscheidet für die Gartenbewässerung zwischen zwei Schlauchstärken, dem ½-Zoll- und dem ¾-Zoll-Schlauch. Welcher zum Einsatz kommt, das hängt von der Anschlusskapazität und der benötigten Schlauchlänge ab. Je dünner und länger ein Gartenschlauch ist, desto größer ist der Reibungsverlust und umso geringer die Wassermenge, die am anderen Ende noch ankommt.

Bei Schlauchlängen ab 30 m sollte ein Schlauchdurchmesser von ¾-Zoll gewählt werden. Bei ½-Zoll-Schläuchen entsteht der 5-fache Druckverlust bei gleicher Schlauchlänge.

Die Qualität von Gartenschläuchen ist sehr unterschiedlich. Vom Kauf billiger Schläuche ist immer abzuraten. Liegen diese längere Zeit in der Sonne, lösen sich Teile des Mantels auf und die Schläuche platzen an allen möglichen Stellen. Gummischläuche und Kunststoffschläuche mit Gewebeeinlagen erweisen sich hier als wesentlich beständiger – erkennbar an den Bezeichnungen wie Kreuzge-

◀ Bei dieser Stele ist ein Schlauchroller integriert, die Wasserentnahme ist aus zwei Hähnen möglich.

webe-Einlage oder Tricotgewebe. Gute Schläuchen bekommen von ihren Herstellern Haltbarkeits-Garantien von 7 bis 15 Jahren. Aber auch Sie selbst können viel dazu beitragen, um die Lebensdauer Ihres Gartenschlauchs zu verlängern: im Winter frostfrei lagern und immer über einen Schlauchwagen oder Schlauchaufhänger hängen.

Verbindungselemente sind aus Kunststoff oder Metall gefertigt. Kunststoffteile unterliegen allerdings einem natürlichen Verschleiß, insbesondere wenn der Schlauch sehr viel bewegt oder gezogen wird.

Perl- und Rieselschläuche vereinfachen die Bewässerung in Blumenbeeten, Gemüsebeeten oder Hecken. Sie werden einfach an den Wasserhahn angeschlossen und sind zwischen 7,5 und 15 m lang. Fest in einer Pflanzfläche verlegt, können sie bequem eingekürzt werden, verlängerbar sind sie bis 22,5 m. Das aus den zahllosen Öffnungen des Rieselschlauchs austretende Wasser sprüht gerade über die Breite eines normalen Gartenbeets. Der Perlschlauch hingegen lässt schon bei geringem Wasserdruck über sein durchlässiges Gewebe Wasser ab, ohne dabei zu sprühen. Er eignet sich besonders für die Bewässerung von Pflanzreihen.

Gießgeräte und Gießbrausen, die an einen Schlauch gekuppelt werden, sind im gewerblichen Gartenbau schon seit vielen Jahren im Einsatz und machen auch die Gartenarbeit für den Freizeitgärtner erheblich bequemer. Die modernen Gießgeräte werden auch den Bedürfnissen von empfindlicheren Pflanzen gerecht, da sie in der Regel über eine stufenlos regulierbare Durchflussmenge verfügen und mit einem Impulshandgriff ausgestattet sind. Häufig haben die Köpfe regulierbare Wasserstrahlformen. Für Reinigungsarbeiten gibt es einen Stechstrahl, Vollstrahl oder Flachstrahl. Zum Gießen hat man die Wahl zwi-

Tipp

- Beim Kauf von einem Gartenschlauch sollten Sie eher auf die Qualität des neu zu erstehenden Schlauches als auf dessen Preis achten.

▶ Variable Gießgeräte und Spritzdüsen erlauben eine Druckveränderung und ein unterschiedliches Wasserbild.

schen Kegelstrahl, Sprühregen, Brausen, Perlatorstrahl oder einem gießkannenähnlichen Muster.

Gießgeräte dienen zur gezielten Bewässerung einzelner Pflanzen oder kleiner Pflanzflächen sowie Pflanzen in Gefäßen. Gute Geräte sind aus einer Kombination von Aluminium und Kunststoff gefertigt. Sie bedürfen einer gewissen Pflege und nehmen Stürze auf harten Boden schnell übel.

Worauf beim Gießen oder Beregnen zu achten ist

Wasser marsch! Das könnte gefährlich sein. Jede Pflanze oder Pflanzengemeinschaft hat ihre unterschiedlichen Bedürfnisse und dann spielen auch noch die Jahreszeit, der Stand-

- Die Bewässerung mit Regnern eignet sich gut für kleinere und größere Flächen, wie z.B. Rasen. Man unterscheidet bautechnisch verschiedene Arten, die auch von ihrem Verwendungszweck her stark von einander abweichen.

- Sprühregner sind meist kleinere Regner, die sich für die Bewässerung von kleineren Flächen wie Vorgarten oder Blumenbeeten eignen. Die Modelle haben ein kreisförmiges Sprühbild mit einem sehr feinen Wasseraustritt, dessen Beregnungsfläche einen Durchmesser ab ca. 6 m hat, was einer Gesamtfläche von etwa 28 m² entspricht. Der Regner ist mit einem Erdspieß ausgestattet, mit dem er einfach in den Boden gesteckt wird.
- Kreisregner verfügen über einen sich durch den Wasserdruck drehenden Verteiler, der das Wasser über eine große Kreisfläche mit

Regner

einem Durchmesser von 8 m verteilt. Dies sind umgerechnet etwa 50 m^2. Dieser Regnertyp eignet sich zum Bewässern kleinerer Rasenflächen.

- Wählscheibenregner sind über eine Wählscheibe individuell einstellbar. Mit ihnen können unterschiedliche Flächenformen und Größen – von 10 m^2 bis 100 m^2 – bewässert werden. Die Form kann rund, halbkreisförmig, quadratisch oder auch rechteckig sein. Durch die variable Flächenverstellung eignet sich der Wählscheibenregner für Rasenflächen und andere Gartenteile.

- Impulsregner sind mit einem Erdspieß oder Schlitten versehen und können über eine Spannfeder zu einem Voll-, Halb,- oder Viertelkreisregner eingestellt werden. Die beregnete Fläche hat einen Durchmesserkreis bis zu 25 m, was einer Fläche von gut 500 m^2 entspricht. Die Wasserbewegung wird durch einen Schwingmechanismus ausgelöst.

- Viereckregner zeichnen sich durch eine besonders schonende und auf die Flächen exakt abzustimmende Bewässerung aus. Sie sind in unterschiedlichen Größen erhältlich. Auf einem bogenförmigen Bügel – der die Sprühbreite vorgibt – sitzen eine Vielzahl von Düsen. Einstellknöpfe am Regnerkopf erlauben die Festlegung des Sprühwinkels. Selbst bei kleineren Geräten kann man die Einstellung so wählen, dass in beide Richtungen gesprüht wird oder nur in den gewünschten Winkel. Bei größeren Geräten kann auch die Sprühstärke eingestellt werden – vom Stechstrahl bis zum Sprühnebel und manchmal ist auch die Sprühbreite veränderbar. Viereckregner eignen sich für die Beregnung größerer Gartenflächen zwischen 150 bis 350 m^2 .

- Preiswerte, auf einem Aluminiumschlitten montierte Viereckregner sind sehr leicht und können bei hohem Wasserdruck leicht umfallen. Es bietet sich daher an, sie mit einem kleinen Pflasterstein oder mit Zeltheringen am Boden zu fixieren. Bei hochwertigen Regnern wird das Gehäuse mit Wasser gefüllt und sorgt so für Standfestigkeit. In den einzelnen Düsen setzt sich gerne Schmutz fest. Die Durchgängigkeit kann mit einer kleinen Nadel überprüft werden.

ort, die Bodenbeschaffenheit und das Entwicklungsstadium der Pflanze eine wichtige Rolle. Pflanzen kann man auch nicht nach Termin gießen, sondern muss sie gießen, wenn sie Wasser brauchen.

Wird bei Sonne Wasser auf die Pflanzenblätter gebracht, wirken die einzelnen Wassertropfen wie kleine Brenngläser und verbrennen die Blätter. Hässliche Blattflecken oder gar das Absterben ganzer Blattpartien ist die Folge. Die von der Sonne aufgeheizten Pflanzen vertragen kalte Leitungswasserduschen sehr schlecht – diese wirken wie ein Schock. Muss also bei Hitze gegossen werden, dann nur auf den Fuß der Pflanze, ohne die Blätter zu benetzen. Auch Schadpilzen beugt man am besten vor, indem man Blätter und Blüten möglichst wenig benetzt. Nasse oder feuchte Gartenflächen werden in der Nacht bevorzugt von Schnecken heimgesucht. Dies ist sicherlich ein Argument, um seine Gießvorgänge im Garten auf den Morgen zu verlegen.

Gründlich Gießen ist eine alte Gärtnerregel. Besonders trocken gewordene Gartenstellen sollten mehrmals nachgegossen werden, bis das Wasser in tiefere Schichten eingedrungen ist. Gießmenge und -häufigkeit hängen von der Pflanze, dem Boden und der Witterung ab.

Eine weitere Gärtnerregel lautet „einmal Hacken spart zweimal Gießen“. Durch das Hacken wird die Kapillarwirkung unterbrochen und der Boden kann nicht so stark verdunsten. Aufgelockerter Gartenboden nimmt zudem besser Regen oder Gießwasser auf.

Tipp

- **Sanft fließendes Wasser dringt besser in den Boden als ein harter Strahl. Durch zu hohen Wasserdruck bzw. Ausbringung über ungeeignete Geräte (z.B. Spritzdüse) wird Erde abgespült, der Wurzelhals von Pflanzen freigelegt und die Bodenkrume verhärtet sich.**

Eine automatische Gartenbewässerung planen

Obwohl der Schritt von der Gießkanne zum Gartenschlauch schon recht groß ist, geht es noch wesentlich einfacher, wenn man so will, fast automatisch. Doch vorab eine kleine Warnung: Technik bleibt Technik und Pflanze bleibt Pflanze. Trotz verbesserter Systeme wird ein technisches Gerät nie in der Lage sein, genau zu prüfen, ob eine Pflanze nun Wasser benötigt oder nicht. Dass derartige Systeme eine unglaubliche Zeitersparnis bedeuten, jede Menge Gießwasser einsparen helfen und genau das tun, was ihnen der Besitzer vorgibt, bleibt außer Zweifel.

Planungsschritte

Die Planung einer Garten-Beregnungsanlage ist relativ einfach. Erster Schritt ist die Erstellung eines Grundstückplans im Maßstab 1:100 auf Millimeter-Papier, in den alle Gebäudeteile mit eingezeichnet und die zu bewässernden Flächen farblich hervorgehoben werden. Vergessen Sie nicht, Wasserhahn, Brunnen oder die Regenwasserzisterne mit einzuzeichnen. Jetzt werden mithilfe eines Zirkels die zu den Flächengrößen passenden Regner eingeplant. Bei kleineren Grundstücken bis 150 m² zu bewässernder Fläche verwendet man im Plan einen Radius von 4,5 cm und belegt die Fläche mit einem Abstand von 7 cm mit Regnern. Die untenstehende Zeichnung verdeutlicht dies.

Hat man die Zeichnung mit der ausreichenden Menge an Kreisen versehen, erkennt man schnell die Menge der benötigten Regner, und man erkennt die Art der benötigten Geräte – je nach Sprühwinkel. Für Eckbereiche verwendet man 90°-Regner, für Randbereiche solche mit einem Sprühwinkel von 180° und für die Restflächen, in der

▼ Anhand einer auf Milimetepapier gefertigten Zeichnung im Maßstab 1:100 legt man die benötigte Menge an Regnern rasch fest.

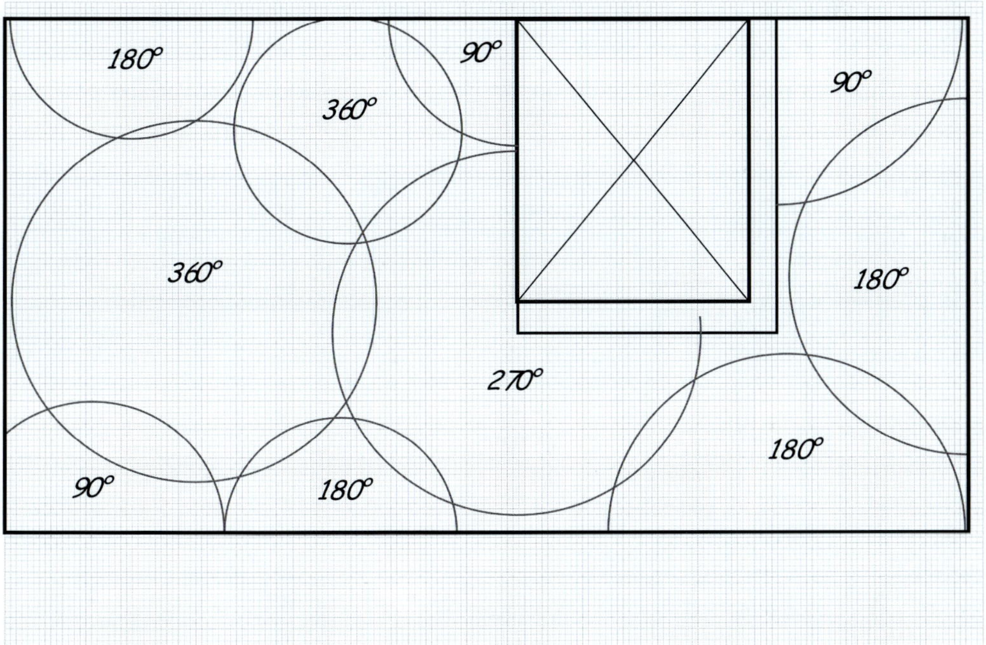

Mitte des Gartens, werden Regner mit 360° Vollkreis eingeplant.

Bei zu bewässernden Flächen über 150 m² wird planerisch ebenso verfahren. Dies ist einfacher, weil man die Flächen mit im Winkel verstellbaren Turbinen-Versenk-Regnern belegt. Für kleinere Flächen wählt man einen Radius von 3,5 cm und einen Regner Abstand von 5,5 cm auf dem Plan. Diese Regnertypen haben einen Verstellwinkel von 90°/180°/270°/360°. Für mittlere Anlagen wählt man einen Radius von 7,0 cm und einen Regnerabstand von 10 cm. Die Sprühwinkel dieses Regnertyps gibt es von 25°/135°/180°/ 225°/270°/315° bis 360°.

Sehr große Gartenanlagen können mit Turbinen- oder Getriebe-Versenkregnern bewässert werden. Hierzu wählt man auf dem Plan einen Radius von 10,5 cm und einen Regnerabstand von 15 cm. Dieser Regner hat einen stufenlos einstellbaren Sprühsektor von 25° bis 360°.

Verschiedene Pflanzbereiche, wie Randstreifen, können mit oberirdisch installierten Sprühregnern bewässert werden.

Anschlusskapazität und Planung der Versorgungsleitung

Mit einer relativ einfachen Methode können Sie feststellen, wie groß der Anschlusswert von Wasserhahn oder Pumpe ist, mit der die Regner betrieben werden sollen, und wie viele Regner an eine Leitung ange-

▼ Links: Erst der Wasserdruck schiebt den auf einer Spiralfeder gelagerten Regner nach oben. Rechts: Ein Getriebe-Versenkregner in Aktion.

schlossen werden können. Sie benötigen eine Stoppuhr, mit der Sie messen können, wie lange es dauert, einen 10-Liter-Eimer mit Wasser zu füllen. Soll zum Betreiben der Anlage eine Pumpe verwendet werden, so befestigen Sie an dieser einen 1 m langen 3/4-Zoll-Schlauch und erfassen auch hier die Sekunden, bis der 10-Liter-Eimer gefüllt ist. Wichtig ist auch die längste Entfernung zwischen Wasserhahn oder Pumpe bis zum am weitest entfernt stehenden Regner. Pro 15 m Entfernung rechnen Sie eine Sekunde Füllzeit hinzu.

Anschlusswert

Füllzeit in Sekunden	=	10
Entfernung 30 m	=	2
Gesamtwert in Sek.	=	12

Mithilfe der Tabelle ergibt sich ein Anschlusswert von 80

Sekunden	Anschlusswert
Bis 9	100
10 – 14	80
15 – 19	60
20 – 24	40
25 – 30	20

Um zu berechnen, wie viele Versorgungsleitungen für die Gartenberegnung benötigt werden, ermitteln Sie in der oben stehenden Tabelle die Verbrauchswerte. Diese Tabelle führt verschiedene Regnertypen auf, eingeteilt nach Sprühwinkeln und Wasserbedarf (Verbrauch). Den Verbrauchswert der ganzen Anlage erhält man, indem man die Anzahl der geplanten Regner mit der festgelegten Zahl in der Tabelle multipliziert und die jeweiligen Endwerte addiert.

Bei unserem Beispiel ist die Summe aller addierten Verbrauchswerte 196 (siehe Tabelle S. 66, Zeichnung S. 69). Dividiert man diesen nun durch den zuvor ermittelten Anschlusswert von 80, erhält man 2,45 und kommt aufgerundet auf drei Versorgungsleitungen. Ist die Summe kleiner als der Anschlusswert, so wird nur eine Versorgungsleitung benötigt. Die richtige Anzahl an Versorgungsleitungen ist eine Grundbedingung für einen ausreichenden Wasserzufluss.

Regnerverbrauchswerte

bis 90°	90°–180°	180°–270°	270°–360°	
× 8 =	× 11 =	× 16 =	× 20 =	VR 100
× 12 =	× 17 =	× 21 =	× 25 =	VR 300
× 6 =	× 7 =	× 9 =	× 11 =	TVR 50
× 9 =	× 12 =	× 14 =	× 17 =	TVR 200
× 15 =	× 20 =	× 25 =	× 30 =	TVR 380

VR = Versenkregner
TVR = Turbinenversenkregner

Regnerverbrauchswerte

bis 90°	90°–180°	180°–270°	360°	
4 × 6 = 24	3 × 7 = 21	× 9 =	× 11 =	TVR 50
2 × 9 = 18	1 × 12 = 12	2 × 14 = 28	× 17 =	TVR 200
3 × 15 = 45	1 × 20 = 20	× 25 =	1 × 30 = 30	TVR 380
+ 87 +	53 +	28 +	30 = Verbrauchswert 196	

[Verbrauchswert = 196] : [Anschlusswert = 80] = [Anzahl der Versorgungsleitungen = 3]

Menge und Art der Regner sind aus der Abbildung Seite 69 ersichtlich

Benötigte Materialien

Was Sie für eine Beregnungsanlage benötigen, ist überschaubar, denn sie besteht im Wesentlichen nur aus 6 Elementen. Die Versenkregner oder Turbinen-Versenkregner sind natürlich das wichtigste an einer Beregnungsanlage und wurden schon näher beschrieben.

Der Zentralfilter ist ein kleiner Filterkörper mit Siebteil, das regelmäßig gesäubert werden muss. Es verhindert das Eindringen von Schmutzteilen in die Anlage.

Die Versorgungsleitung ist aus UV-stabilisiertem Kunststoff und hat einen Durchmesser von 3/4-Zoll. Ausgelegt ist sie für einen Betriebsdruck von 6 bar. Das Rohr kann unterirdisch oder auch oberirdisch verlegt werden. Die T-Stücke sind für den Anschluss an den Regner gedacht, L-Stücke werden für notwendige Richtungsänderungen benötigt und Verbinder werden eingesetzt, wenn die Versorgungsleitung verlängert oder eventuell repariert werden muss.

Schraubklemmen aus Kunststoff oder Edelstahl sorgen für den festen Sitz aller miteinander verbundenen Teile. Die Befestigung mit ihnen ist bei den unterirdischen Versorgungsleitungen besonders wichtig, denn bei einer lockeren Verbindung geht sehr rasch viel Wasser verloren.

Absperrventile werden zur manuellen Steuerung von Beregnungsanlagen benötigt. Eine Anschlussdose, die direkt unterhalb des Wasserhahns im Boden eingelassen ist und den Anfang der Versorgungsleitung darstellt, ergibt ein ordentliches Bild und hält den Wasserhahn auch noch für andere Bewässerungstätigkeiten frei. Die Verbindung vom Hahn zur Dose wird mit einem ¾-Zoll-Schlauch hergestellt.

Verlegung

Hat man aufgrund des im Maßstab 1:100 erstellten Gartenplans die richtigen Regner erstanden und die passende Anzahl an Versorgungsrohren samt dem notwendigen Zubehör ermittelt, dann kann mit dem Verlegen der Anlage begonnen werden.

Für den Aushub des Grabens, in dem die Versorgungsleitung liegt, benötigt man lediglich einen Spaten. Zum Abtrennen der Versorgungsleitung verwendet man am besten ein Taschenmesser. Die Schlauchklemmen sind mit einem Kreuzschraubendreher zu fixieren.

> **Tipp**
>
> - Integrierte automatische Entleerungsventile machen die Bewässerungsanlage rostsicher.
> - Bevor Sie die Versorgungsleitung mit allem Zubehör eingraben, legen Sie diese einmal komplett im Garten aus, stecken alle Teile zusammen und probieren die Anlage dann aus. Planerische oder bautechnische Fehler werden so schnell entdeckt und können noch problemlos abgeändert werden.

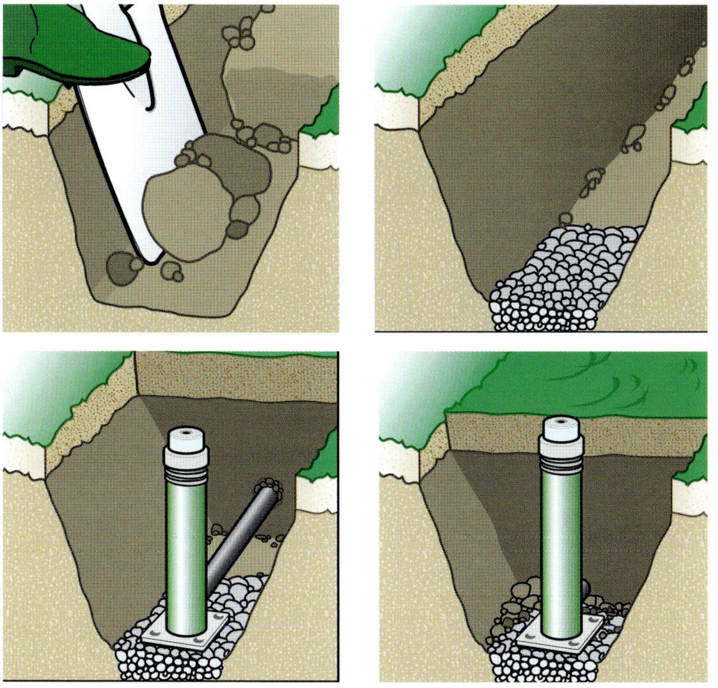

◀ Diese Zeichnung zeigt, wie ein Versenkregner mit der Versorgungsleitung richtig verlegt wird.

Kosten

Diese Frage kann natürlich nicht pauschal beantwortet werden. Um Ihnen aber einen Anhaltspunkt zu geben, finden Sie nachfolgend eine Materialliste, die für einen Garten (30 x 40 m) erstellt wurde, mit Rasenfläche, verschiedenen Pflanzenbeeten und weitgehend vollautomatischer Bewässerung. Bei der Ausführung durch eine Fachfirma sind etwa 40–45 % für die Arbeitslöhne hinzuzurechnen. (Nachfolgend die Listenpreise 2002.)

Teileliste	Anzahl	Einzelpreis in €	Summe in €
Regensensor electronic	1	36,95	36,95
Programmiereinheit	1	52,95	52,95
Steuerteil	7	22,75	159,25
Bewässerungsventil V1, 9V	3	61,95	185,85
Bewässerungsventil V2, 9V	2	112,95	225,90
Montagehilfe	1	1,25	1,25
Rohrhalter 13 mm	19	2,65	50,35
T-Stück 13 mm	4	2,50	10,00
Reduzierkreuzstück 13 mm, 4,6 mm	3	4,65	13,95
Verlegerohr 13 mm	3	8,40	25,20
Verlegerohr 13 mm	2	25,00	50,00
Verteilerrohr 4.6 mm	1	4,25	4,25
Basisgerät 1000	3	8,50	25,50
MDS Sprühdüse 360° (MDS SD)	1	2,45	2,45
MDS Sprühdüse 180° (MDS SD)	2	2,45	4,90
MDS Sprühdüse 90° (MDS SD)	1	2,45	2,45
Spike	3	5,65	16,95
Verlängerungsrohr	2	4,95	9,90
L-Stück 13 mm	7	2,15	15,05
Anschlussstück 21 mm	3	1,75	5,25
Anschlussstück 26,5mm	3	1,75	5,25
Anschlussstück 33,3mm	3	1,75	5,25
T-Stück	10	2,30	23,00

Die Lage

- Fragen Sie einfach einmal bei den Firmen nach, die Bewässerungstechnik für den Garten vertreiben. Einige von ihnen bieten neben Videos auch gute CAD-Programme an, die für die Berechnung einer Bewässerungsanlage eine wertvolle Hilfe sein können.

L-Stück	10	2,30	23,00
Turbinen-Versenkregner 200 (TVR 200)	2	6,75	33,50
Turbinen-Versenkregner 380 (TVR 380)	5	19,75	98,75
Turbinen-Versenkregner 50 (TVR 50)	1	7,25	7,25
Verlegerohr 19 mm	2	25,80	51,60
Verlegerohr 19 mm	3	64,50	193,50
Schraubklemme	18	1,95	35,10
Wassersteckdose	3	17,95	53,85
Batterie 9V IEC 6LR61	9	3,95	35,55
Anschlussgarnitur	3	9,45	28,35
Gesamtsumme inkl. MwSt			1492,30

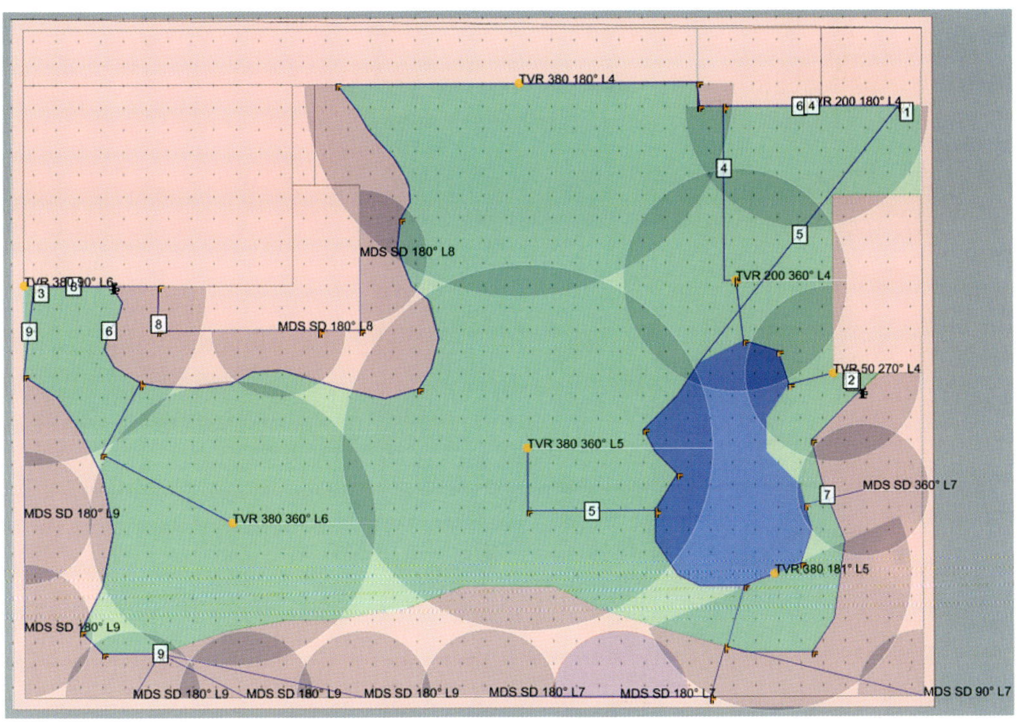

▼ Diese mit einem CAD-Programm erstellte Zeichnung rechnet den Materialaufwand und die Kosten für die Beregnungsanlage eines Grundstücks zusammen aus.

Weitere Bewässerungsmöglichkeiten

Nicht jeder Garten ist so groß, dass er mit einer aus Versenkregnern bestehenden Anlage bewässert werden kann. Oftmals sind solche Systeme, über die erhebliche Mengen Wasser abgegeben werden, auch zu groß für kleinere Rabatten, Rosen- oder Staudenbeete.

▶ Gartenschläuche gibt es in unterschiedlichen Qualitäten.

Beet- und Rabattenbewässerung

Hierfür eignen sich besonders kleine Bewässerungsanlagen, die oberirdisch mit ganz gezielt eingesetzten Miniregnern oder Düsen verlegt werden. Ihr Vorteil: Sie können so platziert werden, dass ihr Sprühstrahl unterhalb der Laubgrenze der Pflanzen eingebracht wird und somit Blätter und Blüten nicht benetzt. Sprühdüsen oder Miniregner werden direkt auf das Verlegerohr montiert und können auch auf kleinen Verlängerungen befestigt werden. Das Verlegerohr selbst wird mit Rohrhaltern auf der Bodenoberfläche befestigt. Die Wurfweite dieser Bewässerungsmethode ist über ein Sperr- bzw. Regulierventil regelbar, das auf der Hauptleitung und auch individuell zu den einzelnen Verteilerleitungen montiert werden kann.

▼ Mit einem Rieselschlauch können Beete und Hecken sehr ökonomisch bewässert werden.

Man unterscheidet sehr unterschiedliche Düsen, deren Sprühwinkel 90°, 180° oder 360° beträgt. Daneben gibt es auch Streifendüsen, Endstreifendüse und Nebeldüsen. Pro m² Beetfläche geben diesen kleinen Geräte zwischen 3 und 10 Liter Wasser pro Stunde ab.

Planung

Um die richtige Menge Verlegerohr und die dazu passende Anzahl an Düsen zu ermitteln, zeichnet man das zu bewässernde Beet im Maßstab 1:100 auf Millimeterpapier auf und legt mit einem Zirkel die Düsen fest. Am besten beginnt man in den Eckbereichen mit 90° Düsen und legt dann die Randbereiche mit 180° Düsen fest. Die Restbereiche werden mit 360° Düsen belegt. Für die Planung wird ein Radius von 2 bis 2,5 m zugrunde gelegt, was einem Düsenabstand von 3 bis 4 m entspricht. Als Start wird ein so genanntes Basisgerät mit integriertem Filterteil benötigt.

Das Basisgerät reduziert den Leitungswasserdruck auf ca. 1,5 bar. Dies ist Voraussetzung für eine fein dosierte Wasserabgabe. Je kleiner der Sprühwinkel der eingesetzten Düsen ist, desto größer ist die Menge die verwendet werden kann. Auf einem ½-Zoll-Verlegerohr können z.B. 30 Endstreifendüsen, aber nur 20 Düsen mit 360° eingesetzt werden.

■ Tröpfchenbewässerung

Die Tröpfchenbewässerung ist eine sehr Wasser sparende Methode, um Pflanzen regelmäßig und gezielt mit Wasser zu versorgen. Ihr Einsatz reicht von Reihenkulturen über Flächen und Topfpflanzen bis hin zu Balkonkästen, Hecken, Blumenbeeten, Stauden, Nutzpflanzen im Freiland und im Gewächshaus.

▼ Gezielte Wasserabgabe mit 2 oder 4 Litern je nach benutztem Reihentropfer ist sehr wichtig.

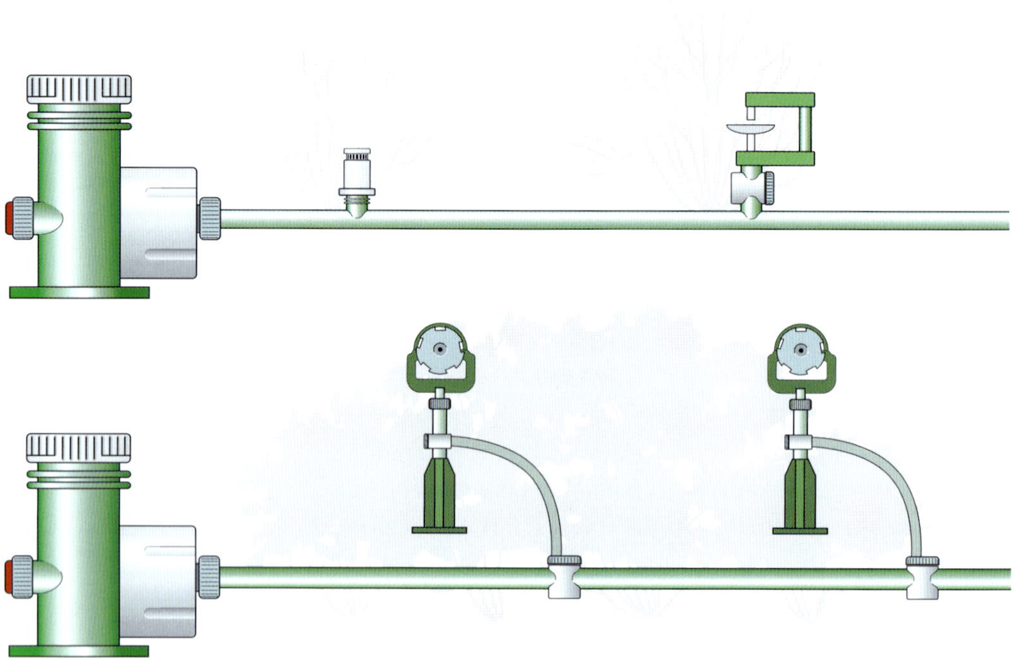

▲ Oben: Sprühdosen und Rotorsprühregner sind für die Bewässerung von kleinen Beeten geeignet. Unten: Die Flächensprühdose ist für den flexiblen Bewässerungseinsatz gedacht. Wurfweite und Sprühwinkel sind von 90° bis 360° einstellbar.

Für den Einsatz der Tröpfchenbewässerung wird ein Verlegerohr mit ½ Zoll Durchmesser benötigt, das an einem Basisgerät zur Druckreduzierung angeschlossen wird. Die Tropfer werden über ein Verteilerrohr mit einem Durchmesser von 4,6 mm betrieben oder auch direkt dem Verlegerohr angeschlossen. Auf diese Weise ist es möglich, bis zu 400 Tropfdüsen in einem Abstand von 30 cm zu installieren, die pro Stunde 2 Liter Wasser abgeben. Dies entspricht einer Verlegestrecke von ca. 120 m. Für eine gezieltere Bewässerung ist es sinnvoll, an der Hauptleitung Verteilerschläuche mit Reihen- oder Endtropfern einzusetzen. Je nach gewünschter Bewässerungsmenge können Tropfdüsen mit einem Durchlauf von 2 bis 4 Liter pro Stunde gewählt werden. Darüber hinaus sind regelbare Tropfdüsen erhältlich, die einen Wasserdurchlass von 0 bis zu 20 Liter pro Stunde haben. Um das Verlegerohr ordentlich im Garten unterbringen zu können, sollte es mit Fixierungen am Boden fest gehalten werden. Dies gilt auch für den Verteilerschlauch mit seinen Endtropfern.

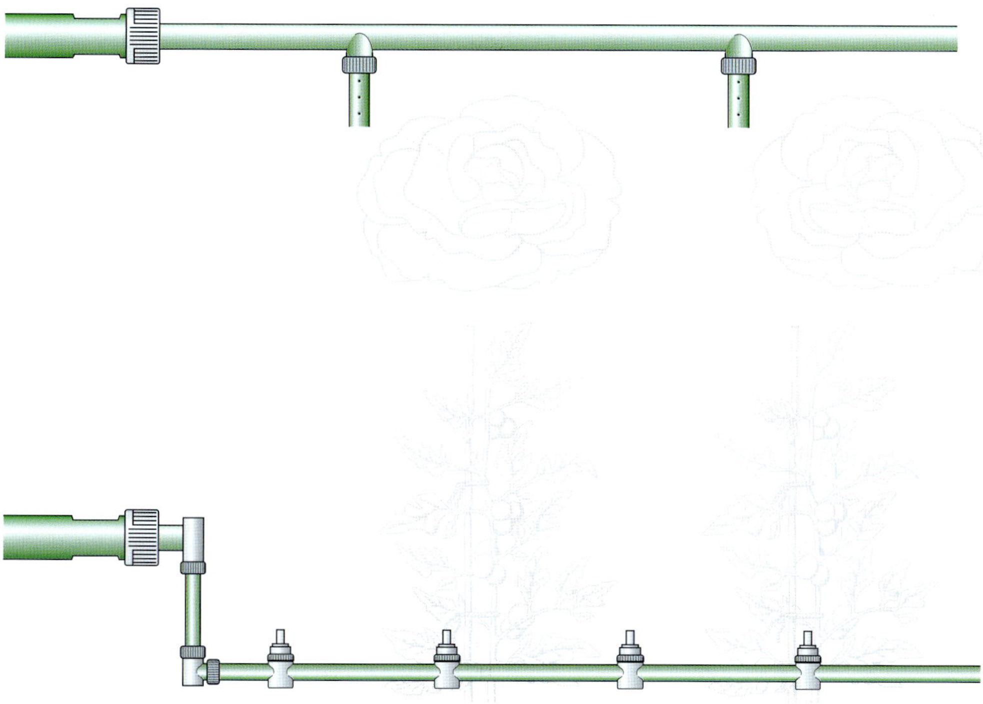

Eine Tröpfchenbewässerung eignet sich auch gut für die Bewässerung von Kübeln und Blumenkästen auf der Terrasse oder dem Balkon. Die schwarzen Kunststoffschläuche so zu kaschieren, dass sie die Blumenarrangements optisch nicht stören, bedarf etwas Geschick.

Auch die Tröpfchenbewässerung kann über eine mechanische oder elektronische Zeitschaltuhr gesteuert werden. Die elektronischen Zeitschalter lassen sich für einen längeren Zeitrhythmus programmieren, sodass man Balkon- oder Terrassenpflanzen bei entsprechender Programmierung durchaus für die Dauer eines Urlaubs sich selbst überlassen kann.

Nebeldüsen eignen sich besonders für die Bewäserung von Neueinsaaten, in Gewächshäusern und Frühbeetkästen. Sie haben feinste Wasserverteilung und sehr geringen Wasserverbrauch.

Endstreifendüsen sind gut an Endpunkten im Garten oder an Beeten einsetzbar. Die Beregnungsfläche ist ca. 0,6 x 2,75 m.

Für lange, schmale Gartenstücke eigen sich Streifendüsen, die 0,6 x 5,5 m bewässern.

▲ Reihentropfer eignen sich besonders gut für die Bewässerung von Hecken und längeren Pflanzstreifen mit einheitlicher Bepflanzung.

▼ ▶ Wassersteckdosen im Gartenbereich ermöglichen eine problemlose Wasserentnahme an verschiedenen Stellen ohne lästiges Schläucheziehen.

Sonstiges

Für den komfortablen Wassertransport über größere Strecken gibt es so genannte Pipeline-Systeme. Die hierzu gehörenden Wassersteckdosen sind Dosen aus Kunststoff mit verschließbarem Deckel, die ebenerdig im Boden auf der Hauptleitung montiert werden. Sie verfügen über einen Wasseranschluss, der ständig unter Druck steht. Das Wasser wird erst freigegeben, wenn ein Schlauch mit einem entsprechenden Schlauchanschluss angeschlossen wird.

Der Vorteil der Wassersteckdosen besteht darin, dass an jeder beliebigen Stelle eines Gartens Wasser entnommen werden kann, ohne lange Schläuche durch das Gelände zu ziehen. Da das System über automatische Entwässerungsventile verfügt, braucht man sich im Spätherbst um Fröste nicht zu kümmern.

So geht es einfach

- Gießen und Düngen kann in einem Arbeitsgang mit einem speziell dafür konzipiertem Gießgerät bewältigt werden. Dieses verfügt über einen einschraubbaren, durchsichtigem Behälter, in den spezielle Düngetabletten eingelegt werden, die für die unterschiedlichen Bereiche im Garten erhältlich sind ob Nutzgarten, Rosenbeete, Balkonpflanzen oder Rasenflächen. Die gewünschte Düngerabgabe wird über ein Regulierventil eingestellt.
  Zu beachten ist, dass sich diese Geräte nicht für den Anschluss an eine Beregnungsanlage eignen. Ferner muss bei der Düngung die zu düngende Fläche ausreichend feucht sein, denn Düngen auf trockenem Boden führt zwangsläufig zu Verbrennungen an den Pflanzenwurzeln.
- Gartenschläuche, die einfach im Gelände oder an Rändern von Pflanzbeeten liegen, können ein ständiges Ärgernis darstellen, weil man ständig darüber stolpert. Wird der Schlauch benötigt, verheddert er sich beim Ziehen mit Sicherheit. Zudem unterliegen Gartenschläuche, die ständig der Sonne ausgesetzt sind, einem bedeutend rascheren Alterungsprozess. Abhilfe kann hier ein Schlauchwagen oder Schlauchroller schaffen. Diese praktischen Geräte kann man in Baumärkten und Gartencentern erstehen. Man erhält sie aus Kunststoff oder Metall und es gibt sie für unterschiedliche Schlauchlängen und -stärken.

- Sehr praktisch sind so genannte Schlauchroller, die man an die Kanten von Pflanzbeeten stecken kann. Mit ihrer Hilfe können auch längere Gartenschläuche problemlos um die Ecken gezogen werden, ohne dass sich der Schlauch über die Pflanzen zieht.
- Für eine Schlauchverlängerung kann man sich preiswerte Kupplungssysteme aus Kunststoff oder Messing besorgen. Letztere sind zwar etwas teurer, halten aber länger.
- Ist ein Schlauch einmal geplatzt, kann man die Schadstelle mit einem scharfen Werkzeug (z.B. einer guten Gartenschere) herausschneiden und mithilfe eines Reparatursets wieder flicken.
- Regentonnen mit einem Ablasshahn sollten immer so erhöht aufgestellt werden, dass eine Gießkanne unter den Hahn gestellt werden kann. Nur so ist eine vollständige Entleerung der Tonne gewährleistet.
  Ein Deckel auf der Tonne ist aus Sicherheitsgründen immer angebracht. Außerdem beugt dieser einer Verschmutzung des Regenwassers vor. Im Winter sollten Sie unbedingt alle freistehende Regenwassertonnen wegen der bestehenden Frostgefahr immer entleeren.

Literaturverzeichnis

- Beck, Peter: Gartenlust, Wassergärten; Kosmos Verlag
- Gardena: Hauptkatalog und Spezialprospekte
- Wachter, Karl: Der Wassergarten; Ulmer Verlag
- Hagen, Peter: Teichbau und Teichtechnik; Ulmer Verlag
- Hagen, Peter: Regentonnen und Zisternen; Ulmer Verlag
- Kircher, Wolfram: Wasserpflanzen für den Garten; Ulmer Verlag
- Ruhr-Stickstoff: Faustzahlen für den Gartenbau

Lieferantenverzeichnis

- Wood Steel & More, Postfach 1148, 22947 Ammersbek
  ausgefallene Elemente für die Gartenbewässerung
- Köster Bauchemie GmbH, Dieselstr. 3-10, 26607 Aurich
  Spezialfolien für den Teichbau
- Heissner AG, Schlitzerstr. 24, 36341 Lauterbach
  Teichfolien, Fertigbecken, Reichpumpen, Filter, Teich- und Gartenzubehör
- Oase, Wübker GmbH & Co KG, Postfach 2069, 48469 Hörstel
  Teichfolien, Teichpumpen, Teichfilteranlagen
- Müller & Co, Postfach 108, 57335 Erndtebrück
  Teichbau mit Naturstoffen
- EMZ, an den Hinteräckern 9, 63791 Karlstein
  ausgefallener Gartensprenger (Funkensprinkler)
- Saargummi GmbH, 66687 Wadern-Büschfeld
  Teichfolien für Teichbau
- Lange und Ritter, Dieselstr. 25, 70839 Gerlingen
  Polyestermatten und Zubehör für den Teichbau
- Rain Bird, Siedlerstr. 46, 71126 Gäufelden
  Gartenbewässerung
- Held GmbH, Gottlieb-Daimler-Str. 5-7, 75050 Gemmingen
  Spezialfolien für den Teichbau und Zubehör
- Otto Graf GmbH, Carl-Zeiss-Straße 2-6, 79331 Tenningen
  Regenwasseranlagen, Regentonnen, Filter
- Gardena, Kress + Kastner GmbH, 89070 Ulm
  Gartenbewässerung

Sachverzeichnis

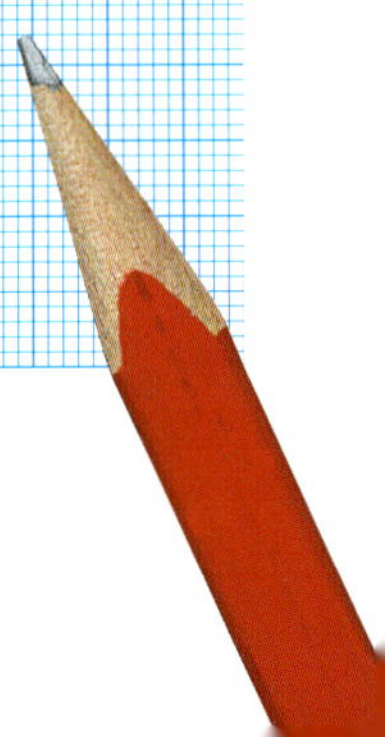

Lösungen für Ihren Gartenteich:

Ein kleiner Teich ist die besondere Zierde eines jeden Gartens, egal, ob er architektonisch - streng oder naturnah gestaltet ist. Inhalt: Wie man den Teich gut in den Garten einfügt. Teichformen und die verschiedenen Möglichkeiten der Abdichtung. Die geeigneten Pflanzen: Schwimmblattpflanzen, Unterwasserpflanzen, Pflanzen am Uferrand, Sumpfpflanzen, Wirkungsvolle Exoten, Zubehör und Spielereien rund ums Wasser, Fische und andere Tiere im und am Teich, „Erste Hilfe“ für den Teich, Mini-Wassergärten für Balkone und Terrassen.
Wassergärten - anlegen und pflegen. *P. Garbe. 2002. 64 S., zahlr. Abb. ISBN 3-8001-3834-4.*

Wasser auf dem Balkon, der Terrasse oder im Wintergarten? Dieses Buch zeigt Ihnen die vielfältigen Möglichkeiten, wie Sie auf wenig Raum mit dekorativen Miniatur-Wassergärten große Wirkung erzielen können.
Miniatur-Wassergärten. *R. Kohle. 3. Aufl. 2001. 96 S., 53 Farbf., 26 Zeichn. ISBN 3-8001-3230-3.*

Weit verbreitet unter den etwa 6.000.000 Gartenteichen: Trübes Teichwasser, Algen im Wasser und zwischen der Vegetation, spärliche oder kränkelnde Teichbepflanzung. Hier erfahren Sie alles, um Symptome richtig zu deuten, Ursachen abzustellen und optimale Bedingungen für einen „gesunden“ Teich zu schaffen. Antworten auf häufig gestellte Fragen werden im Text versiert und ausführlich, im Anhang dann komprimiert und übersichtlich aufgeführt und ermöglichen so den „schnellen Zugriff“ bei drohenden oder akuten Problemen im Gartenteich.
Teichpflege leicht gemacht. *P. Hagen. 2002. 127 S., 63 Farbf., 20 Zeichn. ISBN 3-8001-3860-3.*

Dieses praxisnahe Buch stellt je nach handwerklichem Geschick und Geldbeutel die verschiedenen Varianten der Regenwasserrückhaltung und -nutzung in Wort und Bild vor.
Regentonnen und Zisternen. *Regenwasser im Garten nutzen. P. Hagen. 2001. 127 S., 50 Farbf., 30 Zeichnungen. ISBN 3-8001-3154-4.*

Mehr Wissen zum Thema „Teiche“:

Das Buch gibt klare Entscheidungshilfen für den Bau eines Teiches. Folgende Themen werden behandelt: Planung. Erdarbeiten. Teiche aus Folie, Fertigbecken, Polyesterharz, Beton oder Naturstoffen. Gestaltung. Sprudelsteine, Bachläufe, Wasserfälle. Pumpen, Anschlüsse und Zubehör, Filter, Beleuchtung. Geräte und Hilfsmittel. Schutzeinrichtungen. Teichpflege. Kostenrechnung.
Teichbau und Teichtechnik. *P. Hagen. 3. Auflage 2002. 192 Seiten, 100 Farbfotos, 30 Zeichnungen. ISBN 3-8001-3115-3.*

Das Taschenbuch behandelt alle wichtigen Gesichtspunkte, die es bei der Anlage von Naturteichen oder zumindest naturnahen Teichen zu berücksichtigen gilt. Hierzu zählen neben der Auswahl geeigneter Pflanzen und Tiere auch die Baumaßnahmen und Pflegearbeiten.
Teiche und Tümpel im Garten. *L. Seegers. 4. Auflage 1998. 128 Seiten, 39 Farbfotos, 15 Zeichnungen. ISBN 3-8001-6890-1.*

Ein Teich belebt jeden Garten, ob zum Schwimmen oder als kleines Biotop. Sogar auf Terrasse und Balkon ist ein Miniaturwassergarten in Trögen und allerlei Gefäßen möglich. Abdichtung, Gestaltung und standortgerechte Bepflanzung werden Schritt für Schritt mit Hilfe von anschaulichen Fotos praxisnah erklärt.
Wassergärten. *Sprudelnde Steine und stille Teiche. D. Böswirth, A. Thinschmidt. 2001. 96 S., 96 Farbabb., 4 Zeichn. ISBN 3-8001-3247-8.*

In diesem Buch werden, geordnet nach den zwölf wichtigsten Wasser- und Uferbiotopen Mitteleuropas, die häufigsten, aber auch zahlreiche seltenere oder besonders interessante Wasser- und Uferpflanzen vorgestellt. Jedem Farbfoto sind Angaben über Aussehen, Blütezeit, Vorkommen, Verbreitung und Gefährdung der jeweiligen Art beigefügt.
Farbatlas Wasser- und Uferpflanzen. *H.-D. Krausch. 1996. 315 Seiten, 279 Farbf. ISBN 3-8001-3352-0.*